Martina Weber

FAMILIENRECHT

Martina Weber: Assessorin. Studium der Rechtswissenschaften in Freiburg und Frankfurt am Main. Erstes und zweites juristisches Staatsexamen in Frankfurt am Main. Tätig als wissenschaftliche Autorin, Lyrikerin, Übersetzerin, Fachjournalistin und als Leiterin der "Textwerkstatt II" in dem von Kurt Drawert gegründeten Zentrum für junge Literatur in Darmstadt. Mitautorin auf dem Independent-Blog „Manafonistas – on music, life etc. beyond mainstream“.

Zahlreiche Veröffentlichungen juristischer Fachartikel und Fachbücher. Im Richter Verlag erschienen von Martina Weber auch die Bände „Arbeitsrecht“, „Arbeitsrecht für das Referendariat“ sowie „Strafrecht für das Referendariat. Praxis. Aktenfälle“.

Für ihre Lyrik erhielt Martina Weber verschiedene Literaturpreise und Stipendien. Ihr Lyrikdebüt mit dem Titel "erinnerungen an einen rohstoff" erschien im Jahr 2013 im Poetenladen Verlag, Leipzig.
Im Jahr 2011 erschien die dritte Auflage ihres Fachbuchs „Zwischen Handwerk und Inspiration. Lyrik schreiben und veröffentlichen“ (Uschtrin Verlag, München).
Mehr über die Autorin: www.autorenwelt.de/users/martina-weber

Hans-Peter Richter
Paul-Schroeder-Straße 18
24229 Dänischenhagen
Tel. 04349-1725
Fax 04349-571
e-mail: RICHTER-VERLAG@t-online.de
Website: www.Richter-Verlag.de

Druck und Verarbeitung: Sowa Druck
Umschlaggestaltung: Stamp Media, Kiel

Weitere Bücher dieser Reihe sind erhältlich über den Buchhandel oder direkt vom Verlag.

4. Auflage 2018

ISBN 978-3-935150-65-1

Inhaltsübersicht

Abkürzungsverzeichnis

Gesetze

BGB	Bürgerliches Gesetzbuch
EGBGB	Einführungsgesetz zum Bürgerlichen Gesetzbuche (Internationales Privatrecht)
FamFG	Gesetz über das Verfahren in Familiensachen und in den Angelegenheiten der freiwilligen Gerichtsbarkeit
GG	Grundgesetz
LPartG	Lebenspartnerschaftsgesetz
PStG	Personenstandsgesetz
SGB VIII	Sozialgesetzbuch 8. Buch (Kinder- und Jugendhilfe)
StGB	Strafgesetzbuch
StPO	Strafprozessordnung
ZPO	Zivilprozessordnung

Sonstiges

Abs.	Absatz
Alt.	Alternative
Art.	Artikel
BGH	Bundesgerichtshof
BGHSt	Entscheidungen des Bundesgerichtshofs in Strafsachen
BGHZ	Entscheidungen des Bundesgerichtshofs in Zivilsachen
Bsp.	Beispiel
FamRZ	Zeitschrift für das gesamte Familienrecht
ggfls.	gegebenenfalls
h.M.	herrschende Meinung
NJW	Neue juristische Wochenschrift
s.	siehe
S.	Satz
z.B.	zum Beispiel

1. Kapitel
Gegenstand, Grundbegriffe und Rechtsgrundlagen des Familienrechts

Das Familienrecht enthält zahlreiche Bezüge zum übrigen Zivilrecht und damit diverse Möglichkeiten, eine „normale“ Zivilrechtsklausur um Rechtsprobleme zu erweitern. Dies betrifft vor allem die Wirkungen der Ehe, das eheliche Güterrecht und andere vermögensrechtliche Aspekte wie die Vertretung eines Kindes durch seine Eltern. Bei diesen Themen liegt der Schwerpunkt dieses Buches. Ziel des vorliegenden Buches ist es somit, Studierenden den Einstieg ins Familienrecht zu erleichtern und Bezüge zum übrigen Zivilrecht aufzuzeigen.

Der Kernbereich des Familienrechts erfasst das Verlöbnis, die Ehe und die Verwandtschaft (hier besonders das Verhältnis zwischen Eltern und ihren Kindern).

Die **Familie** ist seit 200 Jahren einem gravierenden gesellschaftlichen Wandel unterworfen – von der traditionellen Hausgemeinschaft mit Bediensteten und Familienbetrieb zu unterschiedlichen Formen des Zusammenlebens unserer Zeit. Der Begriff der Familie wird im Recht nicht einheitlich verwendet, er ergibt sich aus dem Zweck der jeweiligen Vorschrift. Die Kleinfamilie umfasst ein Kind (oder mehrere Kinder) und seine Eltern, seien sie nun miteinander verheiratet oder nicht, aber sie erfasst auch ein Kind und den mit ihm zusammenlebenden Elternteil. Die Großfamilie erstreckt sich über mehrere Generationen. Das BGB definiert den Begriff der Familie nicht, regelt jedoch vor allem die Rechtsbeziehungen innerhalb der Kleinfamilie. Einige Vorschriften gehen jedoch über die Rechtsbeziehungen einer Kleinfamilie hinaus, zum Beispiel die Unterhaltspflicht unter Verwandten nach den §§ 1601 ff. BGB.

Die wichtigste Rechtsquelle für das Familienrecht ist das 4. Buch des BGB. Es enthält unter der Überschrift „Familienrecht“ drei Abschnitte:

4. Buch des BGB: Familienrecht

Abschnitt 1:	Abschnitt 2:	Abschnitt 3:
Bürgerliche Ehe	Verwandtschaft	Vormundschaft, Rechtliche Betreuung, Pflegschaft

Der Abschnitt zur **bürgerlichen Ehe** enthält folgende Titel: Verlöbnis, Eingehung der Ehe, Aufhebung der Ehe, Wiederverheiratung nach Todeserklärung, Wirkungen der Ehe im Allgemeinen, Eheliches Güterrecht, Scheidung der Ehe und kirchliche Verpflichtungen.

Verwandtschaft wird begründet durch:

- Abstammung (Blutsverwandtschaft), s. § 1589 BGB
- Schwägerschaft, s. § 1590 BGB, und
- Adoption, s. §§ 1741 ff. BGB

Personen, die einer von dem andern abstammen (Großeltern, Eltern, Kinder) sind **in gerader Linie** verwandt (s. § 1589 S. 1 BGB).
Personen, die von derselben dritten Person abstammen, sind in der **Seitenlinie** verwandt, z.B. Geschwister, Tante und Nichte.
Der **Grad der Verwandtschaft** bestimmt sich nach der Zahl der sie vermittelnden Geburten (§ 1589 S. 3 BGB). Dabei wird die Geburt der Person, die die Verwandtschaft herstellt, nicht mitgezählt.

1. ***Bsp.***: *Die Verwandtschaft von Geschwistern wird durch zwei Geburten hergestellt (Geburt des ersten und des zweiten Kindes, die Geburt der Mutter zählt nicht). Deshalb sind Geschwister im zweiten Grad miteinander verwandt.*
2. ***Bsp.***: *Tante und Nichte sind im dritten Grad miteinander verwandt (Geburt der Tante, Geburt der Mutter der Nichte, Geburt der Nichte).*

Rechtsfolgen der Verwandtschaft:

- Eheverbot nach § 1307 BGB
- Unterhaltspflicht für Verwandte in gerader Linie nach §§ 1601 ff. BGB
- Gesetzliches Erbrecht nach den §§ 1924 ff. BGB
- Berücksichtigung bei der Auswahl des Betreuers (§ 1897 Abs. 5 BGB)
- Milderungen im Strafrecht für Angehörige i.S.d. § 11 Abs. 1 a StGB (u.a. Verwandte in gerader Linie), in § 247 StGB [Haus- und Familiendiebstahl] und in § 258 StGB [Strafvereitelung]
- Zeugnis- bzw. Auskunftsverweigerungsrechte nach §§ 383 ZPO, 52, 55 StPO
- Ausschluss eines Richters bzw. Urkundsbeamten nach §§ 41, 49 ZPO, §§ 22, 31 StPO, § 6 FamFG, § 54 VwGO

Die **Schwägerschaft** ist eine Verknüpfung zwischen Verwandtschaft und Ehe. Ein Ehegatte ist mit den Verwandten seines Ehegatten verschwägert, s. § 1590 S. 1 BGB.

Bsp.: *Ein Mann ist mit dem Bruder seiner Ehefrau verschwägert.*

Die Verwandten der Ehefrau und die Verwandten des Ehemannes sind dagegen nicht miteinander verschwägert.
Linie und Grad der Schwägerschaft bestimmen sich nach Linie und Grad der sie vermittelnden Verwandtschaft (§ 1590 Abs. 1 S. 2 BGB).

1. ***Bsp.***: *Ein Mann und der Bruder seiner Ehefrau sind im zweiten Grad (Geburt des Mannes, Geburt des Bruders der Ehefrau; die Geburt der Ehefrau zählt nicht mit) in der Seitenlinie verschwägert.*
2. ***Bsp.***: *Eine Frau und der Ehemann ihrer Enkelin sind im dritten Grad in gerader Linie verschwägert.*

Rechtsfolgen der Schwägerschaft [1]:

- Ausschließung eines Richters wegen Befangenheit im Verfahrensrecht
- Ausschluss eines Gemeinderatmitglieds nach den Gemeindeordnungen
- Milderungen im Strafrecht für Angehörige i.S.d. § 11 Abs. 1 a StGB (u.a. Verschwägerte in gerader Linie), in § 247 StGB [Haus- und Familiendiebstahl] und in § 258 StGB [Strafvereitelung]

Vorsicht: Auch nach Auflösung einer Ehe, die eine Schwägerschaft begründet, besteht die Schwägerschaft fort (s. § 1590 Abs. 2 BGB)!

Ehegatten sind durch die Eheschließung nicht miteinander verwandt und nicht miteinander verschwägert.

Die **Vormundschaft** über Minderjährige kann man als eine Art Ersatzform für ein Verwandtschaftsverhältnis auffassen, was ihre systematische Stellung im 4. Buch des BGB rechtfertigt.

Im Jahr 1992 wurde die Vormundschaft über Volljährige abgeschafft; als neues Rechtsinstitut wurde in den §§ 1896 ff. BGB die **rechtliche Betreuung** für Personen eingeführt, die aufgrund einer Krankheit ihre Angelegenheiten ganz oder teilweise nicht besorgen können. Die rechtliche Betreuung hat **nicht** zur Folge, dass die zu betreuende Person geschäftsunfähig wird. Bei der Frage, ob eine unter Be-

[1] Das bis 30.6.1998 im Ehegesetz enthaltene Eheverbot der Schwägerschaft in gerader Linie wurde mit der Überleitung des Eheschließungsrechts in die §§ 1303 ff. BGB aufgehoben. Die Schwägerschaft begründet auch keinen Unterhaltsanspruch und kein Erbrecht.

treuung stehende Person geschäftsfähig ist, kommt es stets auf die konkrete Situation im Einzelfall an. Der Betreute kann jedoch unabhängig von der Betreuung nach § 104 Nr. 2 BGB geschäftsunfähig sein, zum Beispiel bei fortgeschrittener, schwerer Demenz. Je nach individueller Ausprägung der Krankheit können Demenzkranke jedoch bis zum mittleren Stadium der Krankheit lichte Momente erleben und geschäftsfähig sein.

Die **Pflegschaft** (§§ 1909 ff. BGB) beschränkt sich im Unterschied zur Vormundschaft auf die Fürsorge für einzelne Angelegenheiten oder einen Kreis einzelner Angelegenheiten. Diese Angelegenheiten können persönlicher oder vermögensrechtlicher Natur sein. Einen Zusammenhang zwischen Pflegschaft und einer Einschränkung der Geschäftsfähigkeit gibt es nicht: Die Pflegschaft setzt keine Beschränkung der Geschäftsfähigkeit voraus und sie führt auch nicht zu einer Beschränkung der Geschäftsfähigkeit. § 1915 BGB verweist für die Pflegschaft auf die Vorschriften zur Vormundschaft.

Man unterscheidet folgende Formen der Pflegschaft:

- **Ergänzungspflegschaft** (§ 1909 BGB)
  1. ***Bsp.***: *Die Eltern der 8-jährigen Sonja sind Zeugen Jehovas und lehnen Bluttransfusionen für sich und für ihr Kind ab. Sonja benötigt jedoch wegen einer Krankheit gelegentliche Bluttransfusionen. Das Familiengericht wird den Eltern nach vorheriger Verwarnung das Sorgerecht hinsichtlich der Einwilligung in Bluttransfusionen nach § 1666 Abs. 1 BGB entziehen und einen Ergänzungspfleger für Sonja bestellen, dessen Aufgabe nach § 1666 Abs. 3 Nr. 5 BGB die Einwilligung in Bluttransfusionen ist.*
  2. ***Bsp.***: *Die Eltern eines Kindes sind bei einem Autounfall gestorben. Bis ein Vormund bestellt ist, ist eine Ergänzungspflegschaft anzuordnen (s. § 1909 Abs. 3 BGB)*

- **Abwesenheitspflegschaft (§ 1911 BGB)**
- **Pflegschaft für eine Leibesfrucht (§ 1912 BGB)**
- **Pflegschaft für unbekannte Beteiligte (§ 1913 BGB)**
- **Pflegschaft für gesammeltes Vermögen (§ 1914 BGB)**
- **Umgangspflegschaft (§ 1684 Abs. 3 S. 3 BGB)**

Seit 1.8.2001 konnten gleichgeschlechtliche Partner eine Lebenspartnerschaft nach dem **Lebenspartnerschaftsgesetz** begründen. Die Lebenspartnerschaft wurde als Rechtsinstitut ähnlich der Ehe ausgestaltet, wobei ein Unterschied zur Ehe darin besteht, dass die Lebenspartner nicht gemeinschaftlich ein Kind adoptieren können. Mit dem Gesetz zur Einführung der Eheschließung für Personen gleichen Geschlechts vom 20.7.2017 ermöglicht der Gesetzgeber die Eheschließung auch für Personen gleichen Geschlechts. Mit der **Einführung der gleichgeschlechtlichen Ehe** seit 1.10.2017 gilt für gleichgeschlechtliche Paare, die miteinander eine Ehe schließen, das Eherecht ohne Besonderheiten. Seit Inkrafttreten des Gesetzes am 1.10.2017 können keine Lebenspartnerschaften nach dem Lebenspartnerschaftsgesetz mehr begründet werden. Die vor dem 1.10.2017 begründeten Lebenspartnerschaften bleiben bestehen; die Lebenspartner haben die Möglichkeit, ihre bisherige Lebenspartnerschaft nach § 20a Abs. 1 Satz 1 LPartG in eine Ehe umzuwandeln. Tun sie dies, sollen sie so gestellt werden, als hätten sie an dem Tag, an dem sie ihre Lebenspartnerschaft begründet haben, eine Ehe begründet. Die Lebenspartner können jedoch auch ihre Lebenspartnerschaft nach dem Lebenspartnerschaftsgesetz weiter führen.

Die **nichteheliche Lebensgemeinschaft** findet als eigenes Rechtsinstitut keinen Niederschlag im BGB. Rechtsfragen der nichtehelichen Lebensgemeinschaft werden nach allgemeinem Zivilrecht gelöst, sie, sie zählen zum Stoff des Familienrechts. Dabei ist die Frage, ob bei Auflösung der Gemeinschaft Ausgleichsansprüche bestehen, besonders klausurrelevant. Einzelheiten im 8. Kapitel.

Gerichtsbarkeit

Im Jahr 1976 wurden in Deutschland die **Familiengerichte** eingeführt. Familiengerichte werden als Abteilungen für Familiensachen bei den Amtsgerichten gebildet (s. § 23 b GVG).

Am 1.9.2009 trat das Gesetz über das Verfahren in Familiensachen in den Angelegenheiten der freiwilligen Gerichtsbarkeit (FamFG) in Kraft.

Das FamFG löste folgende Gesetze und Verordnungen ab:

- das Gesetz über die Angelegenheiten der freiwilligen Gerichtsbarkeit (FGG),
- die Hausratsverordnung, die die Verteilung von Hausrat und Ehewohnung nach einer Scheidung regelte, (siehe nun §§ 200 ff. FamFG)
- sowie Vorschriften aus dem 6. Buch der ZPO (§§ 606-687 ZPO), die familienrechtliche Verfahren regelten.

Mit Inkrafttreten des FamFG wurden die Vormundschaftsgerichte abgeschafft. Für die Angelegenheiten der Vormundschaft und Pflegschaft sind nun die Familiengerichte zuständig. Für das Verfahren im Zusammenhang mit der rechtlichen Betreuung sind seit 1.9.2009 die Betreuungsgerichte zuständig, vgl. § 1896 BGB.

Rechtsgrundlagen

Rechtsgrundlagen, die für das Familienrecht bedeutsam sind:

- 4. Buch des BGB: §§ 1297–1921
- Personenstandsgesetz: Die §§ 11 ff. PStG enthalten Vorschriften zur Eheschließung
- Bei Auslandsbezug gelten die Art. 13 – 24 EGBGB.
- Gesetz über die religiöse Kindererziehung regelt das Recht der Eltern zur Bestimmung der religiösen oder weltanschaulichen Erziehung ihres Kindes,
- Das SGB VIII (Kinder- und Jugendhilfe) regelt die öffentlichrechtliche Jugendhilfe und ergänzt teilweise die Vorschriften zur elterlichen Sorge in den §§ 1626 ff. BGB
- Lebenspartnerschaftsgesetz: Es schafft für gleichgeschlechtliche Paare ein Rechtsinstitut, das der Ehe angenähert ist. Lebenspartnerschaften nach dem Lebenspartnerschaftsgesetz konnten von 1.8.2001 bis 30.9.2017 begründet werden.
- Das familienrechtliche Verfahrensrecht ist im FamFG geregelt.
- Nach Art. 6 Abs. 1 GG stehen Ehe und Familie unter dem besonderen Schutz der staatlichen Ordnung. Das Grundgesetz garantiert den Bestand des Instituts der Ehe (Institutsgarantie) und gewährt Ehepartnern ein Abwehrrecht gegen staatliche Eingriffe, zum Beispiel indem es einem ausländischen Ehepartner Schutz vor Ausweisung gewährt.
- Art. 6. Abs. 2 und 3 GG schützen das elterliche Erziehungsrecht.

Zwingende und dispositive Vorschriften

Familienrechtliche Ansprüche sind teilweise vermögensrechtlicher und teilweise personenrechtlicher Natur. In jedem Rechtsgebiet stellt sich die Frage, inwieweit der Inhaber von Rechten und Pflichten über seine Rechte und Pflichten verfügen darf, inwieweit diese Rechte also dispositiv sind.

Im Familienrecht gilt: Über familienrechtliche Ansprüche **vermögensrechtlicher** Art kann weitgehend privatautonom verfügt werden. Die Vorschriften sind also weitgehend dispositiv.

> ***Bsp.:*** *Durch Ehevertrag kann der Versorgungsausgleich ausgeschlossen werden (§ 1408 Abs. 2 S. 1 BGB)*
>
> ***Gegenbsp.****: Nach § 1360 a Abs. 3 i.V.m. § 1614 Abs. 1 BGB kann ein Ehepartner nicht auf seinen Unterhaltsanspruch für die Zukunft gegenüber seinem Ehepartner verzichten.*

Ansprüche **personenrechtlicher** Natur sind dagegen grundsätzlich als zwingendes Recht ausgestaltet.

Bsp.: *Das Recht der elterlichen Sorge kann nicht durch Rechtsgeschäft übertragen werden. Das Sorgerecht kann nur durch Entscheidung des Familiengerichts übertragen oder eingeschränkt (z.B. bei missbräuchlicher Ausübung der elterlichen Sorge nach § 1666 BGB) werden. – Möglich ist aber eine jederzeit widerrufliche Überlassung der Sorgeausübung.*

Die Rechtsordnung kann das Ehe- und Familienleben nur im Grundsätzlichen regeln. Eine allzu sehr ins Detail gehende Verrechtlichung würde dem Charakter menschlichen Zusammenlebens widersprechen.

Wiederholungsfragen zum 1. Kapitel

1. Wodurch wird Verwandtschaft begründet?	Durch Abstammung, Schwägerschaft und Adoption.
2. Was ist Verwandtschaft in gerader Linie?	Die Personen stammen einer von dem anderen ab (z.B. Eltern – Kinder).
3. Was ist Verwandtschaft in der Seitenlinie?	Die Personen stammen von derselben dritten Person ab (z.B. Geschwister).
4. In welchem Grad sind zwei Cousinen miteinander verwandt? Begründen Sie.	Der Grad der Verwandtschaft bestimmt sich nach der Zahl der sie vermittelnden Geburten, wobei die Geburt der Person, die die Verwandtschaft herstellt, nicht mitzählt. Zwei Cousinen werden auf diese Weise durch folgende Geburten verbunden: die Geburten der beiden Cousinen sowie die Geburten z.B. ihrer Mütter, die Schwestern sind. Die Mutter der Schwestern, die die Verwandtschaft vermittelt, zählt nicht mit. Die Verwandtschaft wird also durch vier Geburten vermittelt. Zwei Cousinen sind deshalb im 4. Grad miteinander verwandt.
5. Zwischen welchen Personen besteht eine Schwägerschaft?	Zwischen einem Ehepartner und den Verwandten seines Ehepartners.
6. Wann endet eine Schwägerschaft? Begründen Sie Ihre Antwort.	Allenfalls mit dem Tod der Verschwägerten. Nach Auflösung der Ehe, die die Schwägerschaft begründet, besteht die Schwägerschaft jedenfalls fort (s. § 1590 Abs. 2 BGB).
7. Nennen Sie 3 Rechtsfolgen der Schwägerschaft.	Ausschluss eines Richters nach Prozessrecht / Ausschluss eines Gemeinderatsmitglieds nach den Gemeinderatsordnungen / Milderungen im Strafrecht (§§ 247, 258 StGB)
8. Inwiefern sind Ehegatten miteinander verwandt?	Gar nicht.
9. Wann wurde die Vormundschaft über Volljährige abgeschafft?	Mit der Einführung der rechtlichen Betreuung im Jahr 1992.
10. Macht die rechtliche Betreuung die Person, die betreut wird, geschäftsunfähig?	Nein. Möglicherweise ist eine Person, die die rechtlich betreut wird, jedoch nach nach allgemeinen Vorschriften (§ 104 Nr. 2 BGB) geschäftsunfähig.

11. Was kennzeichnet eine Pflegschaft im Unterschied zur Vormundschaft?

Eine Pflegschaft beschränkt sich auf die Fürsorge für eine einzelne Angelegenheit oder einen Kreis einzelner Angelegenheiten.

12. Zwei Personen gleichen Geschlechts wollen eine offizielle Partnerschaft auf Lebenszeit begründen. Ist dies möglich?

Ja, sie können heiraten. Seit 1.10.2017 hat der Gesetzgeber das Prinzip der Heterosexualität für die Eheschließung aufgegeben. Lebenspartnerschaften nach dem Lebenspartnerschaftsgesetz können seit 1.10.2017 nicht mehr geschlossen werden.

13. Vor welchen Gerichten werden Angelegenheiten, die zum Familienrecht zählen, verhandelt?

Vor den Familiengerichten und vor den Betreuungsgerichten.

14. Welches Verfahrensrecht wird im Familienrecht angewandt?

Das FamFG.

15. Nennen Sie 7 Rechtsgrundlagen des Familienrechts.

4. Buch des BGB, Personenstandsgesetz, Art. 13 ff. EGBGB, Gesetz über religiöse Kindererziehung, SGB VIII, Lebenspartnerschaftsgesetz (es gilt, solange es noch Lebenspartnerschaften gibt), Art. 6 GG.

16. Ein alleinerziehender Mann fühlt sich mit der Erziehung seines 12-jährigen Sohnes überfordert. Er überträgt das Sorgerecht in einem Vertrag auf eine seiner Bekannten, die sich mit dem Jungen gut versteht. Ist der Vertrag wirksam?

Der Vertrag ist nicht wirksam. Die elterliche Sorge kann nicht durch Vertrag auf eine andere Person übertragen werden. Pflege und Erziehung der Kinder sind nach Art. 6 Abs. 2 GG nicht nur das Recht, sondern auch die Pflicht der Eltern. Die elterliche Sorge kann nur durch gerichtliche Entscheidung übertragen oder eingeschränkt werden.

2. Kapitel
Verlöbnis

Der **Begriff** „Verlöbnis" erfasst zweierlei:

1. **Das gegenseitig gegebene Versprechen zweier Personen, die Ehe eingehen zu wollen.**
2. **Das durch dieses Versprechen begründete familienrechtliche Verhältnis.**

Vom 1.1.2005 bis 30.9.2017 konnten sich gleichgeschlechtliche Personen nach § 1 Abs. 3 LPartG verloben. Die §§ 1297 Abs. 2, 1298 bis 1302 BGB galten dann entsprechend. Der Begriff des Verlöbnisses erfasste auch das gegenseitig gegebene Versprechen zweier Personen, eine Lebenspartnerschaft eingehen zu wollen. Seit 1.10.2017 ist das Prinzip der Heterosexualität für die Ehe aufgehoben und die Vorschriften der Ehe und des Verlöbnisses gelten ohne Einschränkung auch für homosexuelle Paare. Die Verlobung zweier homosexueller Personen mit dem Ziel, eine Lebenspartnerschaft nach dem LPartG eingehen zu wollen, ist seit 1.10.2017 nicht mehr möglich.

Ein Verlöbnis kann **formfrei** begründet werden. Zur Wirksamkeit eines Verlöbnisses müssen weder Verlobungsringe ausgetauscht werden noch ist eine Verlobungsanzeige erforderlich. Ein Verlöbnis kann nicht nur ausdrücklich, sondern **auch konkludent** (stillschweigend / durch Verhalten) begründet werden.

***Bsp.**: Nina und Matthias kaufen Gegenstände „für die Ausrichtung ihrer Hochzeitsfeier".*

Ist einer der Verlobten zum Zeitpunkt des Verlöbnisses bereits verlobt oder verheiratet, ist das Verlöbnis **wegen Sittenwidrigkeit nach § 138 Abs. 1 BGB nichtig**.

Aus einem Verlöbnis kann nicht auf Eingehung der Ehe geklagt werden (§ 1297 Abs. 1 BGB). Ergeht dennoch ein entsprechendes Urteil, ist es nicht vollstreckbar (s. § 888 Abs. 3 ZPO).[2]

Rechtswirkungen des Verlöbnisses

Das Versprechen, die Ehe eingehen zu wollen, begründet ein Rechtsverhältnis.

Ein Verlöbnis kann sich im Zivilrecht und im öffentlichen Recht auswirken.

---

[2] § 888 ZPO regelt die Vollstreckung von Handlungen, die nicht von einem Dritten vorgenommen werden können (nicht vertretbaren Handlungen). Nach § 888 Abs. 3 ZPO gilt die Vorschrift jedoch u.a. nicht im Fall der Verurteilung zur Eingehung einer Ehe.

Die zivilrechtlichen Rechtswirkungen des Verlöbnisses sind:

- Verlobte können einen **Ehevertrag** (s. § 1408 BGB) abschließen. Seine Wirkungen entfaltet der Ehevertrag allerdings erst mit der Eheschließung.
- Verlobte können einen **Erbvertrag** (s. § 2274 ff. BGB) abschließen.
- Verlobte können einen **Erbverzichtsvertrag** (s. § 2346 ff BGB) abschließen.
- Die Auflösung des Verlöbnisses kann zu **Ansprüchen auf Aufwendungs- und Schadensersatz** (§ 1298 BGB) und auf **Rückgabe von Geschenken** (§ 1301 BGB) führen (Einzelheiten weiter unten in diesem Kapitel).

Ein Verlöbnis hat folgende öffentlichrechtliche Wirkungen:

- Verlobte sind **Angehörige** i.S.d. § 11 Abs. 1 Nr. 1 a StGB. Dies hat z.B. zur Folge, dass ein Diebstahl unter Verlobten nur auf Antrag verfolgt wird (s. § 247 StGB).
- Das Verlöbnis begründet eine **Garantenstellung** i.S.d. § 13 StGB. Die Garantenstellung im Sinn des Strafrechts kann zur Folge haben, dass sich eine Person, die untätig bleibt, während sich ihr Verlobter in einer Notlage befindet (z.B. zu ertrinken droht), nicht nur wegen unterlassener Hilfeleistung nach § 323 c StGB, sondern auch wegen Totschlags oder sogar Mord durch Unterlassen (§§ 212, 13 oder §§ 212, 211, 13 StGB) - also wegen eines unechten Unterlassungsdelikts - strafbar machen kann.
- **Zeugnisverweigerungsrecht** im Zivil- und Strafprozess (§ 383 Abs. 1 Nr. 1 ZPO, § 52 Abs. 1 Nr. 1 StPO)
- **Auskunftsverweigerungsrecht** im Strafprozess (§ 55 StPO)
- **Eidesverweigerungsrecht** im Strafprozess (§ 61 StPO)

Für die öffentlichrechtlichen Wirkungen des Verlöbnisses sind **nur die tatsächlichen Bindungen** der Verlobten zueinander entscheidend (BGHSt 3, S. 215). Es kommt nicht auf den Streit um die Rechtsnatur des Verlöbnisses (s. „Zustandekommen des Verlöbnisses“) an. Die öffentlichrechtlichen Wirkungen des Verlöbnisses treten also auch dann ein, wenn einer der Verlobten minderjährig ist.

Zustandekommen des Verlöbnisses

Das Gesetz zur Bekämpfung von Kinderehen vom 17.7.2017, in Kraft seit 18.7.2017, hat die Voraussetzungen für eine Eheschließung im Hinblick auf die Ehemündigkeit verändert. Der Hintergrund des Gesetzes liegt darin, Zwangsheiraten eingereister ausländischer Jugendlicher zu verhindern. Nach alter Rechtslage (§ 1303 BGB a.F.) hieß es, eine Ehe „soll" nicht vor Eintritt der Volljährigkeit geschlossen werden. Das Familiengericht konnte einen Minderjährigen jedoch auf Antrag von diesem Erfordernis befreien, wenn er oder sie mindestens 16 Jahre alt und der andere künftige Ehepartner volljährig war. Seit 18.7.2017 heißt es in § 1303 S. 1 BGB, eine Ehe „darf" vor Eintritt der Volljährigkeit nicht eingegangen werden. (Mehr dazu im 3. Kapitel).

Die Rechtsnatur des Verlöbnisses ist umstritten. Der Theorienstreit wirkt sich bei Verlöbnissen beschränkt geschäftsfähiger Personen aus. Auf den Theorienstreit käme es aber gar nicht an, wenn in Anbetracht der neuen Rechtslage zur Ehemündigkeit ein Verlöbnis von Personen unter 18 Jahren generell unwirksam wäre. Dabei ist zu unterscheiden: Liegt der geplante Eheschließungstermin vor Erreichen der Volljährigkeit auch nur einer der beiden Personen, ist das Verlöbnis wegen Verstoßes gegen § 1303 BGB unwirksam. Ist jedoch bei der Verlobung ein Eheschließungstermin geplant, der nach Eintritt der Volljährigkeit beider Personen liegt, schließt § 1303 BGB die Wirksamkeit des Verlöbnisses nicht aus.

Zur Rechtsnatur des Verlöbnisses werden folgende Meinungen vertreten:

1. **Meinung (herrschende Meinung): Vertragstheorie**: Das Verlöbnis ist ein Vertrag, auf den **grundsätzlich** die allgemeinen Vorschriften über Rechtsgeschäfte angewendet werden. Voraussetzung für die Wirksamkeit des Verlöbnisses ist also die Geschäftsfähigkeit. Die Verlobung eines Minderjährigen bedarf nach § 108 BGB der (vorherigen) Einwilligung oder der (nachträglichen) Genehmigung des gesetzlichen Vertreters.

Ausnahmen von der Geltung des Vertragsrechts auf das Verlöbnis:

- Die Vorschriften über die Stellvertretung nach §§ 164 ff. BGB werden wegen der Höchstpersönlichkeit des Verlöbnisses nicht angewandt.
- Der minderjährige Verlobte ist berechtigt, ohne die Zustimmung des gesetzlichen Vertreters vom Verlöbnis zurückzutreten. Aus § 1297 Abs. 1 BGB folgt nämlich, dass ein Zwang zur Eheschließung unzulässig ist.
- Die Anfechtungsregeln nach §§ 119 ff. BGB werden durch die spezielleren §§ 1298 ff. BGB verdrängt.

2. Meinung: Theorie vom familienrechtlichen Vertrag: Das Verlöbnis ist ein Vertrag eigener Art (sui generis). Ein Minderjähriger bedarf zum Abschluss eines Verlöbnisses nicht der Geschäftsfähigkeit i.S.d. §§ 104 ff. BGB, sondern es kommt auf die Verlöbnisfähigkeit in Form einer individuellen geistigen Reife an.

3. Meinung: Theorie vom gesetzlichen Rechtsverhältnis (Lehre von der Vertrauenshaftung)

Das Verlöbnis ist kein Vertrag, sondern ein gesetzliches Rechtsverhältnis. Das Verlöbnis begründet einen gesetzlichen Vertrauensschutz der Partner zueinander. Für die Begründung des Verlöbnisses ist keine Geschäftsfähigkeit erforderlich; es genügt Einsichtsfähigkeit.

Stellungnahme:

Die Theorie vom familienrechtlichen Vertrag führt zu Rechtsunsicherheit, weil der Bestand des Verlöbnisses bis zur Feststellung der individuellen Reife eines Minderjährigen unsicher ist.
Die Theorie vom gesetzlichen Rechtsverhältnis berücksichtigt nicht, dass dem gegenseitigen Versprechen auf Eingehung der Ehe bzw. der Lebenspartnerschaft eine Einigung zugrunde liegen muss und dass das Verlöbnis deshalb rechtsgeschäftlichen Charakter hat.

Für die Vertragstheorie spricht:
- Sie vermeidet Rechtsunsicherheit.
- Sie schützt den Minderjährigen, der beim Rücktritt vom Verlöbnis Ansprüchen auf Aufwendungs- und Schadensersatz ausgesetzt sein kann.

Ansprüche bei Rücktritt vom Verlöbnis

Beim Rücktritt vom Verlöbnis kommen Schadensersatzansprüche nach § 1298 und § 1299 BGB in Betracht.

Tritt ein Verlobter vom Verlöbnis zurück, hängen die Rechtsfolgen des Rücktritts davon ab, ob es für den Rücktritt einen wichtigen Grund i.S.d. §§ 1298 Abs. 3, 1299 BGB gibt.

Wer **ohne wichtigen Grund** vom Verlöbnis zurücktritt, muss nach § 1298 BGB Schadensersatz leisten.

> Ein **wichtiger Grund** i.S.d. § 1298 BGB ist jeder Grund, der zur Anfechtung wegen Irrtums oder wegen arglistiger Täuschung berechtigen würde.

Bsp.: *Beleidigungen, grobes herzloses Verhalten, sexuelle Untreue, unheilbare Krankheit. KEIN wichtiger Grund i.S.d. § 1298 BGB für den Rücktritt vom Verlöbnis ist dagegen die Unmöglichkeit, sich auf eine geschmackvolle Couchgarnitur für das Wohnzimmer zu einigen.*

Anspruchsberechtigt sind:

- der anderen Verlobte,
- dessen Eltern und
- dritte Personen, die an Stelle der Eltern gehandelt haben (z.B. Großeltern)

Der **Schaden erfasst** die Aufwendungen und Verbindlichkeiten, die in Erwartung der Ehe gemacht wurden.

Bsp.: *Kauf einer Waschmaschine für den gemeinsamen Haushalt, Kosten für die Anmietung der Ehewohnung*

Der Verlobte kann darüber hinaus den Schaden ersetzt verlangen, den er dadurch erleidet, dass er in Erwartung der Ehe sonstige sein Vermögen oder seine Erwerbsstellung berührende Maßnahmen getroffen hat.

Bsp.: *Kündigung des Arbeitsplatzes in Erwartung eines Unterhaltsanspruchs, Ausschlagung einer besser bezahlten Arbeitsstelle an einem weit entfernt liegenden Ort.*

Der Schadensersatzanspruch erfasst nur das **negative Interesse**: Der Geschädigte ist so zu stellen, wie er stünde, wenn er nie etwas mit der Verlobung zu tun gehabt hätte.[3]

Die **Höhe des Schadens** ist nach § 1298 Abs. 2 BGB auf die Maßnahmen begrenzt, die nach den Umständen angemessen waren.

Bsp.: *Die Kündigung einer Arbeitsstelle ist unangemessen, wenn sie ohne Absprache erfolgt.*

Wer dagegen **aus wichtigem Grund** vom Verlöbnis zurücktritt, hat keine Ansprüche auf Schadensersatz zu befürchten.

Hat ein Verlobter den anderen durch ein Verhalten, das einen wichtigen Grund für einen Rücktritt bildet, zum Rücktritt vom Verlöbnis veranlasst, ist er nach § 1298 BGB zum Schadensersatz verpflichtet (s. § 1299 BGB).

Bsp.: *Cindy und Marc haben sich verlobt. Cindy lässt Verlobungsanzeigen für 150 Euro drucken. Da erfährt sie, dass Marc untreu ist. Sie tritt vom Verlöbnis zurück und verlangt Schadensersatz nach § 1299 BGB. – Zu Recht.*

---

[3] Im Unterschied dazu ist ein Geschädigter, der den Ersatz des positiven Interesses verlangen kann, so zu stellen, wie wenn der Vertragspartner den Vertrag erfüllt hätte.

Beim Rücktritt vom Verlöbnis sind neben den §§ 1298 ff. BGB **Ansprüche aus unerlaubter Handlung nach §§ 823 ff. BGB** möglich.
Ansprüche aus unerlaubter Handlung setzen jedoch ein Verhalten voraus, das über den Bruch der Verlöbnistreue hinausgeht.

Bsp.: *Eine Frau veranlasst ihren Verlobten dazu, ihr unangemessen große Geschenke zu machen und veranlasst dann durch treuwidriges Verhalten seinen Rücktritt vom Verlöbnis. Der Schadensersatzanspruch des Mannes nach § 1298 BGB ist nach § 1298 Abs. 2 BGB auf die Angemessenheit begrenzt. Als Anspruchsgrundlagen für den gesamten Schaden kommen § 823 Abs. 2 BGB i.V.m. § 263 StGB (Betrug) sowie § 826 BGB (sittenwidrige vorsätzliche Schädigung) in Betracht.*

Rückgabe der Geschenke

Unterbleibt die Eheschließung, kann jeder Verlobte nach § 1301 S. 1 BGB von dem anderen die Herausgabe desjenigen, was er ihm geschenkt oder zum Zeichen des Verlöbnisses gegeben hat, nach den Vorschriften einer ungerechtfertigten Bereicherung fordern.

Bsp.: *Herausgabe des Verlobungsrings*

Nach h.M. handelt es sich in § 1301 BGB um eine **Rechtsfolgenverweisung** (und nicht um eine Rechtsgrundverweisung), denn § 1301 BGB stellt eine Erweiterung der Zweckverfehlungskondiktion nach § 812 Abs. 1 S. 2 2. Alt. BGB dar.

Anwendbar sind deshalb:

- **§ 814 2. Alt. BGB**: Ausschluss der Herausgabepflicht, wenn die Leistung einer sittlichen Pflicht oder einer auf den Anstand zu nehmenden Rücksicht entsprach.
- **§ 815 2. Alt. BGB**: Ausschluss der Herausgabepflicht bei der Zweckverfehlungskondiktion, wenn der Leistende den Eintritt des Erfolges wider Treu und Glauben verhindert hat.

  Das Merkmal „wider Treu und Glauben" erfordert erschwerende Umstände, die ein besonders treuwidriges Verhalten darstellen. (BGHZ 45, S. 266)

Im Verhältnis zu § 531 Abs. 2 BGB, der dem Schenker einen Anspruch auf Herausgabe des Geschenkes nach Widerruf der Schenkung (§ 530 BGB) gibt, ist § 1301 BGB die **speziellere Vorschrift (lex specialis)**.

Wiederholungsfragen zum 2. Kapitel

1. Was ist ein Verlöbnis?	1. Das gegenseitige Versprechen zweier Personen, miteinander die Ehe eingehen zu wollen. 2. Das durch dieses Versprechen begründete familienrechtliche Verhältnis.
2. Welche Formvorschriften müssen bei einem Verlöbnis beachtet werden?	Keine.
3. Welche zivilrechtlichen Rechtswirkungen hat ein Verlöbnis?	Die Möglichkeit, einen Ehevertrag, einen einen Erbvertrag und einen Erbverzichtsvertrag abzuschließen. Bei Rücktritt vom Verlöbnis Ansprüche auf Schadens- und Aufwendungsersatz (§ 1298 BGB) sowie auf Rückgabe der Geschenke (§ 1301 BGB).
4. Ein verheirateter 42-jähriger Angeklagter im Strafprozess erklärt, mit der wichtigsten Belastungszeugin, einer 17-jährigen Schülerin, verlobt zu sein. Kann die Zeugin ihr Zeugnis verweigern?	Nein. Das Verlöbnis ist wegen Sittenwidrigkeit nach § 138 BGB nichtig, weil der Angeklagte bereits verheiratet ist. Die Minderjährigkeit der Zeugin spielt hingegen für die öffentlichrechtlichen Wirkungen des Verlöbnisses keine Rolle.
5. In welcher Fallkonstellation kommt es auf den Streit um die Rechtsnatur des Verlöbnisses an?	Wenn an der Verlobung ein Minderjähriger beteiligt ist.
6. Welche Theorien werden zur Rechtsnatur des Verlöbnisses vertreten?	1. Vertragstheorie (h.M.) 2. Theorie vom familienrechtlichen Vertrag 3. Theorie vom gesetzlichen Rechtsverhältnis (= Lehre v. d. Vertrauenshaftung)
7. Ein Verlobter tritt vom Verlöbnis zurück. Unter welcher Voraussetzung scheidet ein Schadensersatzanspruch des anderen Verlobten aus?	Wenn der von Verlöbnis zurückgetretene Verlobte einen wichtigen Grund für den Rücktritt hatte (s. § 1298 Abs. 3 BGB).
8. Was ist ein wichtiger Grund i.S.d. §§ 1298, 1299 BGB?	Ein Grund, der zur Anfechtung wegen Irrtums oder wegen arglistiger Täuschung berechtigen würde.
9. Handelt es sich beim Anspruch auf Rückgabe der Geschenke nach § 1301 BGB um eine Rechtsgrund- oder eine Rechtsfolgeverweisung?	Es handelt sich um eine Rechtsfolgenverweisung. Die §§ 814 und 815 BGB sind zu beachten.

Fall 1: „Side by side“ am Jazzpiano

Der 17-jährige Jan verlobt sich mit seiner Jazzpianolehrerin, der 22-jährigen Michelle. Die beiden wollen eine Woche nach Jans 18. Geburtstag heiraten. Jans Eltern sind mit der Verlobung ihres Sohnes einverstanden. Michelle lässt für 150 Euro Verlobungskarten drucken. Nach einigen Wochen erklärt Jan, er wolle Michelle nicht mehr heiraten, er liebe sie nicht mehr. Kann Michelle von Jan die Kosten für die Verlobungskarten verlangen? Jan verlangt von Michelle die handschriftlich geschriebenen Noten für ein selbstkomponiertes Jazzstück, das er ihr zur Verlobung geschenkt hat. – Zu Recht?

Lösungsvorschlag

I. Anspruch von Michelle gegen Jan auf Ersatz der Kosten für die Verlobungskarten in Höhe von 150 Euro aus § 1298 BGB

Voraussetzung für den Schadensersatzanspruch ist zunächst ein wirksames Verlöbnis. Fraglich ist, ob das Verlöbnis schon deshalb unwirksam ist, weil Jan zum Zeitpunkt des Verlöbnisses minderjährig war und nach § 1303 BGB eine Ehe vor Eintritt der Volljährigkeit nicht eingegangen werden darf. Der geplante Heiratstermin lag jedoch eine Woche nach Jans 18. Geburtstag. Damit zielte das Verlöbnis auf eine erlaubte Eheschließung. Ein möglicher Verstoß gegen § 1303 BGB als Unwirksamkeitsgrund für das Verlöbnis scheidet deshalb aus.

Fraglich ist, ob der minderjährige Jan eine wirksam in die Begründung des Verlöbnisses einwilligen konnte.

Nach der Vertragstheorie sind auf das Verlöbnis grundsätzlich die allgemeinen Regeln über Rechtsgeschäfte anwendbar. Die nach § 107 BGB erforderliche Einwilligung des gesetzlichen Vertreters in die Willenserklärung des minderjährigen Jan lag vor.

Für die Theorie vom familienrechtlichen Vertrag und für die Theorie vom gesetzlichen Rechtsverhältnis genügen die Verlöbnisfähigkeit bzw. die Einsichtsfähigkeit. Von beidem ist bei Jan auszugehen. Das Verlöbnis ist wirksam zustande gekommen.

Zu prüfen ist, ob Jan wirksam vom Verlöbnis zurückgetreten ist. Aus § 1297 Abs. 1 BGB wird gefolgert, dass ein Zwang zur Eheschließung nicht zulässig ist. Ein Minderjähriger bedarf deshalb für den Rücktritt vom Verlöbnis nicht der Zustimmung seines gesetzlichen Vertreters. Jan ist wirksam vom Verlöbnis zurückgetreten.

Bei den 150 Euro, die Michelle für die Verlobungskarten aufgewandt hat, handelt es sich um Aufwendungen in Erwartung der Ehe. Diese Aufwendungen waren nicht unangemessen i.S. d. § 1298 Abs. 2 BGB.

Fraglich ist, ob die Ersatzpflicht nach § 1298 Abs. 3 BGB ausgeschlossen ist, weil Jan einen wichtigen Grund für seinen Rücktritt vom Verlöbnis hatte. Als wichtige Gründe i.S.d. § 1298 Abs. 3 BGB kommen Gründe in Betracht, die zur Anfechtung wegen Irrtums oder wegen arglistiger Täuschung berechtigen würden. Jan ist vom Verlöbnis zurückgetreten, weil er Michelle nicht mehr liebt. Das Erlöschen der Gefühle ist jedoch im rechtlichen Sinn kein wichtiger Grund für einen Rücktritt vom Verlöbnis. Die Ersatzpflicht ist deshalb nicht nach § 1298 Abs. 3 BGB ausgeschlossen.

Ergebnis: Michelle kann von Jan 150 Euro Schadensersatz für die Kosten der Verlobungskarten verlangen.

II. Anspruch von Jan gegen Michelle auf Rückgabe der handgeschriebenen Noten für das Jazzpianostück aus § 1301 S. 1 BGB

Voraussetzung ist zunächst, dass die Eheschließung unterblieben ist. Dieses Merkmal ist erfüllt.

Als Rechtsfolge verweist § 1301 S. 1 BGB auf die Vorschriften der ungerechtfertigten Bereicherung nach §§ 812 ff. BGB. Danach ist der Anspruch auf Herausgabe der Noten gegeben.

Fraglich ist, ob der Anspruch auf Rückforderung nach § 815 2. Alt. BGB ausgeschlossen ist. § 815 BGB ist auf den Anspruch aus § 1301 BGB anwendbar, weil es sich bei der Verweisung in § 1301 BGB um eine Rechtsfolgenverweisung handelt. Danach kann derjenige, der die Eheschließung wider Treu und Glauben verhindert hat, nicht die Rückgabe seiner Geschenke verlangen.

Jan ist vom Verlöbnis zurückgetreten, weil er Michelle nicht mehr liebt. Dies stellt zwar keinen wichtigen Rücktrittsgrund i.S.d. § 1298 BGB dar, allerdings ist zweifelhaft, ob man bei einem Verlust der Gefühle davon sprechen kann, dass die Eheschließung „wider Treu und Glauben" verhindert würde. Das Merkmal „wider Treu und Glauben" erfordert vielmehr erschwerende Umstände, die ein besonders treuwidriges Verhalten darstellen. Diese Umstände müssen über einen bloßen Verlust der Gefühle hinausgehen. Der Anspruch auf Rückforderung der Noten ist deshalb nicht nach § 815 BGB ausgeschlossen.

Ergebnis: Jan kann die Rückgabe der Noten für das Jazzpianostück von Michelle verlangen.

3. Kapitel
Eheschließung und Aufhebung der Ehe

Seit dem Jahr 1875 gilt im deutschen Recht das **Prinzip der obligatorischen Zivilehe**. Danach treten die rechtlichen Wirkungen der Ehe nur ein, wenn die Verlobten vor dem Standesbeamten erklären, die Ehe miteinander eingehen zu wollen (§ 1310 Abs. 1 S. 1 BGB).[4] Die Ehe ist aus juristischer Sicht ein Dauerschuldverhältnis, das durch Vertrag zustande kommt und grundsätzlich auf Lebenszeit geschlossen wird. Das Eheschließungsrecht ist in den §§ 1303 – 1320 BGB geregelt; die Förmlichkeiten für die Eheschließung auf dem Standesamt finden sich in den §§ 11 ff. PStG.

Voraussetzungen der Eheschließung

1. **Zwei Personen verschiedenen oder gleichen Geschlechts**
   Nach § 1353 Abs. 1 S. 1 BGB wird die Ehe von zwei Personen verschiedenen oder gleichen Geschlechts auf Lebenszeit geschlossen. Mit der Einführung der gleichgeschlechtlichen Ehe seit 1.10.2017 gilt für gleichgeschlechtliche Paare, die miteinander eine Ehe schließen, das Eherecht ohne Besonderheiten.

   Mit Beschluss vom 10.10.2017 (1 BvR 2019/16) hat das Bundesverfassungsgericht entschieden, dass es im Geburtenregister neben den Varianten „weiblich“ oder „männlich“ eine dritte Möglichkeit geben muss, ein Geschlecht positiv einzutragen. Die beschwerdeführende Person hatte einen Eintrag „inter/divers“ im Personenstandsregister verlangt. § 22 Abs. 3 PStG ist derzeit mit dem Grundgesetz nicht vereinbar. Der Gesetzgeber hat bis 31.12.2018 eine Neuregelung zu schaffen. Der Beschluss des Bundesverfassungsgerichts wird sich auch auf § 1353 Abs. 1 S. 1 BGB auswirken.

2. **Persönliche Ehevoraussetzungen**
   Der unproblematische Normalfall ist der, dass zwei volljährige und geistig voll einsichtsfähige Personen jeweils ihre Willenserklärungen zur Eingehung der Ehe abgeben.

---

[4] Nach dem Prinzip der fakultativen Zivilehe treten die Rechtswirkungen der Ehe dagegen auch nach einer kirchlichen Heirat ein. Bis Ende 2008 galt nach dem Personenstandsgesetz, dass die kirchliche Trauung nicht vor der standesamtlichen Eheschließung stattfinden durfte. Seit 1.1.2009 ist das Verbot kirchlicher Voraustrauung weggefallen. Paare können seither kirchlich heiraten, ohne vorher oder danach eine Ehe vor dem Standesamt einzugehen.

Wichtige Problemfälle sind:

a) Geschäftsunfähigkeit im Sinn des § 104 Nr. 2 BGB (dauerhafter, die freie Willensbildung ausschließender Zustand krankhafter Störung der Geistestätigkeit). Nach § 1304 BGB kann eine Ehe nicht eingehen, wer geschäftsunfähig ist.
b) Vorübergehende Störung der Geistestätigkeit oder Bewusstlosigkeit im Sinn des § 1314 Abs. 2 Nr. 1 BGB
c) Minderjährigkeit. Bis 17.7.2017 hieß es in § 1303 Abs. 1 BGB, eine Ehe „soll" nicht vor Eintritt der Volljährigkeit eingegangen werden. Ausnahmen waren nach § 1303 Abs. 2 bis 4 BGB a.F. bis 17.7.2017 möglich, wenn einer der künftiger Ehegatten volljährig und der andere mindestens 16 Jahre alt war. Seit 18.7.2017 gilt nach § 1303 BGB: „Eine Ehe darf nicht vor Eintritt der Volljährigkeit eingegangen werden. Mit einer Person, die das 16. Lebensjahr nicht vollendet hat, kann eine Ehe nicht wirksam eingegangen werden." Bei den Rechtsfolgen der Eheschließung einer volljährigen mit einer minderjährigen Person ist also zu unterscheiden, ob die minderjährige Person das 16. Lebensjahr vollendet hat oder nicht.

Die Problemfälle a) bis c) haben entweder eine Nicht-Ehe (also eine nicht wirksame Ehe) oder eine aufhebbare Ehe zur Folge. Näheres dazu unten.

3. **Nichtvorliegen von Eheverboten**
Es gibt folgende Eheverbote:
a) Verbot der Doppelehe bzw. Verbot einer Ehe neben einer Lebenspartnerschaft (§ 1306 BGB)
b) Verbot der Heirat unter Verwandten (§ 1307 BGB)
c) Eheverbot bei durch Adoption begründeter Verwandtschaft (§ 1308 BGB)

4. **ggfls. Ehefähigkeitszeugnis für Ausländer(innen) (§ 1309 BGB)**

5. **Einhaltung des Verfahrens der Eheschließung** nach den §§ 1310 ff. BGB
a) Erklärung, die Ehe miteinander eingehen zu wollen (§ 1310 BGB)
b) Erklärung wird persönlich abgegeben, bei gleichzeitiger Anwesenheit, ohne Bedingung oder Zeitbestimmung (§ 1311 BGB)
c) vor dem Standesbeamten
(Zuständigkeit s. § 11 PStG, Ausnahme § 1310 Abs. 2 BGB)
d) Verfahren s. § 1312 BGB

Nichtehe, aufhebbare Ehe

Werden einzelne Erfordernisse für eine wirksame Eheschließung nicht beachtet, kann dies unterschiedliche Rechtsfolgen haben. Man unterscheidet:

Rechtsfolgen bei Nichtbeachtung von Wirksamkeitsvoraussetzungen der Eheschließung

Nichtehe — aufhebbare Ehe

Nichtehe: Eine Nichtehe hat keine rechtlichen Folgen. Sie liegt vor, wenn in besonders schwerwiegender Weise gegen die Wirksamkeitsvoraussetzungen der Eheschließung verstoßen wurde.

1. Bsp.: *Die Eheschließung findet nicht vor einem Standesbeamten statt.*

2. Bsp.: *Einer der Eheschließenden ist noch nicht 16 Jahre alt. – Nach § 1303 S. 2 BGB kann eine Ehe mit einer Person, die das 16. Lebensjahr noch nicht vollendet hat, nicht wirksam eingegangen werden.*

Aufhebbare Ehe (§§ 1313-1318 BGB): Eine Ehe ist wirksam, aber aufhebbar, wenn ein Aufhebungsgrund vorliegt. Die Aufhebungsgründe ergeben sich aus § 1314 BGB.

Aufhebungsgründe sind u.a. die Geschäftsunfähigkeit im Sinn des § 104 Nr. 2 BGB (siehe § 1314 Abs. 1 Nr. 2 BGB), die vorübergehende Störung der Geistestätigkeit und Bewusstlosigkeit (siehe § 1314 Abs. 2 Nr. 1 BGB) sowie die Tatsache, dass die Ehe mit einem Minderjährigen geschlossen wurde, der im Zeitpunkt der Eheschließung mindestens 16 Jahre alt war (§ 1314 Abs. 1 Nr. 1 BGB).

Weitere in § 1314 BGB genannte Aufhebungsgründe sind arglistige Täuschung, widerrechtliche Drohung sowie die Einigkeit darüber, dass keine Pflicht zur ehelichen Lebensgemeinschaft nach § 1353 BGB begründet werden soll (Scheinehe).

Die Aufhebungsgründe in § 1314 BGB verdrängen als Spezialvorschriften die Vorschriften aus dem Allgemeinen Teil des BGB über die Wirksamkeit von Rechtsgeschäften (z.B. §§ 116 und 123 BGB) sowie die Vorschriften zur Ehescheidung.

§ 1315 BGB nennt Gründe, die die Aufhebung der Ehe ausschließen.

Für minderjährige, (aber mindestens 16 Jahre alte) Personen kann die Aufhebung der Ehe nach § 1315 Abs. 1 Nr. 1 BGB aus zwei Gründen ausgeschlossen sein: Bestätigung (a) und schwere Härte (b).

Antragsberechtigt für den Antrag auf Aufhebung einer Ehe sind die in § 1316 BGB genannten Personen bzw. Behörden.

Beim den Aufhebungsgründen des § 1314 Abs. 2 Nr. 2 bis 4 BGB ist die **Anfechtungsfrist** von einem Jahr zu beachten (§ 1317 BGB).

Die Aufhebung erfolgt durch richterliche Entscheidung, siehe § 1313 BGB.

Wiederholungsfragen zum 3. Kapitel

1. Veit und Sonja beschließen während einer Bergwanderung in den Alpen spontan zu heiraten. Der Hüttenwart nimmt die Eheschließungszeremonie vor. Später will sich Sonja von der Ehe lösen. Was muss sie tun?

Nichts. Es liegt eine Nichtehe vor, weil die Ehe nicht vor einem Standesbeamten geschlossen wurde. Das Erfordernis, die Ehe vor einem Standesbeamten zu schließen, ergibt sich aus § 1310 Abs. 1 S. 1 BGB.

2. Julika und Thomas heiraten am 11.5., weil Julika schwanger ist. Thomas geht davon aus, dass er der Vater des Kindes ist. Julika hatte während der Empfängniszeit jedoch auch mit ihrem Exfreund Jochen Geschlechtsverkehr. Drei Monate nach der Hochzeit erfährt Thomas davon. Sofort geht er zu einem Fachanwalt für Familienrecht und erklärt, er wolle die Scheidung. Was wird der Anwalt raten?

Eine Scheidung ist nicht erforderlich. Thomas kann einen Antrag auf Aufhebung der Ehe stellen. Der Aufhebungsgrund ergibt sich aus § 1314 Abs. 2 Nr. 3 BGB. Ein Ehegatte, nämlich Thomas, wurde zur Eingehung der Ehe durch Täuschung über solche Umstände bestimmt, die ihn bei Kenntnis der Sachlage und bei richtiger Würdigung des Wesens der Ehe von der Eingehung der Ehe abgehalten hätten. Wird eine Ehe wegen der Schwangerschaft der Frau geschlossen, muss die Frau den künftigen Ehepartner über einen etwaigen Geschlechtsverkehr mit einem anderen Mann während der Empfängniszeit informieren. Diese Informationspflicht besteht unabhängig von einer ausdrücklichen Nachfrage des künftigen Partners.[5] Ein Grund für den Ausschluss der Aufhebung nach § 1315 Abs. 1 Nr. 4 BGB ist nicht ersichtlich. Die Antragsberechtigung von Thomas ergibt sich aus § 1316 Abs. 1 Nr. 2 BGB. Die Antragsfrist beträgt ein Jahr ab dem Tag, an dem Thomas die Täuschung entdeckt hat.

[5] OLG Karlsruhe NJW-RR 2000, S. 737

4. Kapitel
Rechtswirkungen der Ehe im Allgemeinen

Unabhängig davon, ob die Ehepartner im gesetzlichen Güterstand der Zugewinngemeinschaft leben oder ob sie Gütergemeinschaft oder Gütertrennung als ehelichen Güterstand vereinbart haben, hat die Ehe folgende Rechtswirkungen **auf dem Bereich des Zivilrechts**:

- Pflicht zur ehelichen Lebensgemeinschaft (§ 1353 BGB)
- Regelung von Haushaltsführung und Erwerbstätigkeit im gegenseitigen Einvernehmen (§ 1356 BGB)
- Unterhaltspflichten der Ehepartner (§§ 1360 ff. BGB)
- Unter Umständen: Verpflichtung zur Mitarbeit in Beruf oder Geschäft des anderen Ehegatten
- Regelung des Ehenamens / Familiennamens (§ 1355 BGB)
- Haftungserleichterung nach § 1359 BGB
- Mitverpflichtung des Ehepartners bei Geschäften zur Deckung des Lebensbedarfs (Schlüsselgewalt) (§ 1357 BGB)
- Eigentumsvermutung zugunsten der Gläubiger (§ 1362 BGB)
- Sondervorschriften bei Getrenntleben: Unterhalt, Hausrat, Ehewohnung

Darüber hinaus hat eine Eheschließung unter anderem folgende **Auswirkungen im öffentlichen Recht**:

- Zeugnisverweigerungsrecht nach §§ 383 ZPO, 52 stopp
- Begründung einer Garantenstellung i.S.d. § 13 StGB mit der Folge, dass sich ein Ehegatte wegen eines unechten Unterlassungsdelikts strafbar machen kann.
- Ein Ehegatte ist Angehöriger i.S.d. § 11 Abs. 1 Nr. 1 a) StGB. Daraus folgen Privilegierungen bei der Strafbarkeit, s. §§ 247, 258 StGB.
- Möglichkeit gemeinsamer Veranlagung im Steuerrecht
- Erleichterte Einbürgerung für einen ausländischen Ehepartner nach dem Ausländergesetz
- Der Ehepartner eines Verstorbenen ist nach dem Transplantationsgesetz berechtigt, eine Erklärung über eine Organspende des Verstorbenen abzugeben; maßgeblich für die Erklärung ist der mutmaßliche Wille des Verstorbenen.

Pflicht zur ehelichen Lebensgemeinschaft (§ 1353 BGB)

Nach § 1353 Abs. 1 S. 2 BGB sind die Ehegatten einander zur ehelichen Lebensgemeinschaft verpflichtet.

Bei der Verpflichtung zur ehelichen Lebensgemeinschaft handelt es sich um eine **Generalklausel**, die mehrere Aspekte erfasst:

- häusliche Gemeinschaft / gemeinsamer Wohnsitz
- gegenseitige Rücksichtnahme und Achtung
- Klärung gemeinsamer Angelegenheiten im gegenseitigen Einvernehmen
- sogenannte „Geschlechtsgemeinschaft", eheliche Treue
- Gewähr der Mitbenutzung von Hausratsgegenständen unabhängig davon, in wessen Eigentum sie stehen[6]

§ 1353 BGB ist zwingendes Recht und kann nicht durch rechtsgeschäftliche Vereinbarungen der Ehegatten abbedungen werden. Dennoch gibt das BGB kein gesetzliches Eheleitbild vor. Die Ehegatten gestalten ihre Gemeinschaft autonom.

***Bsp.**: Berufsbedingt getrennte Wohnsitze*

§ 1353 BGB ist eine Anspruchsgrundlage auf Herstellung und Verwirklichung der ehelichen Lebensgemeinschaft. Der Anspruch ist jedoch nach § 888 Abs. 3 ZPO nicht vollstreckbar: § 888 ZPO regelt die Vollstreckung von Handlungen, die nicht von einem Dritten vorgenommen werden können (nicht vertretbaren Handlungen). Nach § 888 Abs. 3 ZPO gilt die Vorschrift jedoch u.a. nicht im Fall der Verurteilung zur Herstellung des ehelichen Lebens.

Betrifft die Herstellung und Verwirklichung der ehelichen Lebensgemeinschaft dagegen nicht höchstpersönliche, sondern vermögensrechtliche Aspekte, ist ein darauf gerichteter Anspruch nach § 888 Abs. 1 ZPO mit Hilfe von Zwangsgeld und Zwangshaft vollstreckbar.

***Bsp.**: Gemeinsame Veranlagung zur Steuererklärung, die die Steuerschuld des Ehegatten, der die gemeinsame Veranlagung wünscht, verringert und die Steuerschuld des anderen Ehegatten nicht vergrößert.*

---

[6] Sobald die Ehegatten eine gemeinsame Wohnung beziehen, entsteht ohne Rücksicht auf die Eigentumsverhältnisse an den Hausratsgegenständen Mitbesitz beider Ehegatten. Ebenso entsteht an der Ehewohnung Mitbesitz beider Ehegatten.

Die Pflicht zur ehelichen Lebensgemeinschaft nach § 1353 Abs. 2 BGB in zwei Fällen ausgeschlossen:

- bei Rechtsmissbrauch oder
- wenn die Ehe gescheitert ist.

Bei **Störungen des ehelichen Lebens durch ehewidrige Beziehungen eines Ehepartners** kommen folgende Ansprüche in Betracht:

Ansprüche bei Ehestörung

gegen den untreuen Ehepartner		gegen den Ehestörer	
auf Unterlassung aus (1) § 1353 BGB (2) § 1004 Abs. 1 BGB analog	auf Schadensersatz aus (1) § 280 BGB (2) § 823 Abs. 1 oder 2 BGB (3) § 826 BGB	auf Unterlassung aus §§ 1004 Abs. 1 BGB analog	auf Schadensersatz aus (1) § 823 Abs. 1 oder 2 BGB (2) § 826 BGB

Das Bestehen der einzelnen Ansprüche und teilweise auch ihrer Vollstreckbarkeit ist umstritten. In der Klausur kommt es darauf an, eine Lösung zu entwickeln, die in sich folgerichtig ist.

Anspruch des treuen Ehegatten gegen den untreuen Ehegatten:

- Der Anspruch auf Unterlassung ehewidrigen Verhaltens aus § 1353 BGB ist einklagbar, aber wegen § 888 Abs. 3 ZPO nicht vollstreckbar.

- Ob bei ehewidriger Beziehung ein Anspruch auf Unterlassen als **quasinegatorischer Unterlassungsanspruch aus § 1004 S. 1 BGB analog** möglich ist, ist umstritten. Ein quasinegatorischer Anspruch setzt ein Eingreifen in ein „sonstiges Recht“ i.S.d. § 823 BGB voraus. Ein sonstiges Recht ist ein **absolut geschütztes Rechtsgut**, also ein Rechtsgut, das gegenüber jedem wirkt (wie Freiheit und Eigentum) und nicht nur einen Anspruch gegen eine Person darstellt. Ein anerkanntes absolutes Recht im Zusammenhang mit der Ehestörung ist **der räumlich-gegenständ-**

liche Bereich der Ehe. Dieser Bereich erfasst die Ehewohnung, aber auch das Geschäft des einen Ehegatten, wenn der andere darin mitarbeitet. Nimmt die Ehefrau also ihren Geliebten mit in die Ehewohnung, steht dem Ehemann ein Unterlassungsanspruch zu. Es ist jedoch umstritten, ob dieser Anspruch vollstreckbar ist.

Ob gegen den untreuen Ehegatten Ansprüche auf Schadensersatz möglich sind, ist ebenfalls umstritten.

- Ein Anspruch aus § 280 BGB wegen Verletzung persönlicher Pflichten aus der ehelichen Lebensgemeinschaft besteht nicht. Ein solcher Anspruch wäre mit dem personenrechtlichen Charakter der Ehe unvereinbar.
- Ein Anspruch aus § 823 Abs. 1 BGB wird teilweise bejaht, aber nur, wenn der untreue Gatte den räumlich-gegenständlichen Bereich der Ehe verletzt. Nur der räumlich-gegenständliche Bereich der Ehe sei vom Schutzzweck der deliktischen Haftung erfasst.

  Bsp.: *Der Ehemann erlaubt seiner Geliebten, in die Ehewohnung einzuziehen. Die Ehefrau zieht in ein Hotel und verlangt vom Ehemann Zahlung der Miete.*
- Wird die Ehefrau während des Ehebruchs schwanger und spiegelt sie ihrem Ehemann vor, er sei der Vater des Kindes, kommen gegen die Ehefrau Schadensersatzansprüche nach § 823 Abs. 2 BGB i.V.m. § 263 StGB sowie nach § 826 BGB in Betracht.

Anspruch des treuen Ehegatten gegen den Ehestörer:

- Greift der Ehestörer (die Geliebte des Ehemannes oder der Geliebte der Ehefrau) in den **räumlich-gegenständlichen Bereich der Ehe** ein, steht dem treuen Ehegatten ein Anspruch auf Unterlassung zu. Anspruchsgrundlage ist der quasinegatorische Anspruch aus § 1004 Abs. 1 BGB analog. Der Unterlassungsanspruch wird nach § 890 ZPO vollstreckt.

  Ob ein Anspruch auf Schadensersatz aus Delikt besteht, ist umstritten. Der Anspruch wird von denjenigen bejaht, die den räumlich-gegenständlichen Bereich der Ehe in den Schutzzweck des § 823 BGB einbeziehen.

  Bsp.: *Der Ehemann verschafft seiner Geliebten einen lukrativen Arbeitsplatz in seinem Unternehmen. Die Ehefrau, die Vollzeit in dem Unternehmen arbeitet, regt sich so darüber auf, dass sie monatelang unter psychosomatischen Beschwerden leidet und diverse Ärzte und Psychotherapeuten aufsucht. Ob die Ehefrau von der Geliebten Ersatz der Behandlungskosten verlangen kann, ist umstritten.*

- Beschränkt sich das Verhalten des Dritten auf die ehewidrige Beziehung zu einem Ehepartner - ohne dass in den räumlich-gegenständlichen Bereich der Ehe eingegriffen wird - steht dem treuen Ehegatten nach der Rechtsprechung kein Anspruch auf Unterlassung zu. Andernfalls würde man das Vollstreckungsverbot des § 888 Abs. 3 ZPO umgehen. Auch ein Schadensersatzanspruch scheidet aus.

Haushaltsführung und Erwerbstätigkeit (§ 1356 BGB)

Nach § 1356 Abs. 2 BGB sind beide Ehegatten berechtigt, erwerbstätig zu sein. Bei der Wahl und Ausübung einer Erwerbstätigkeit haben sie auf die Belange des anderen Ehegatten und der Familie die gebotene Rücksicht zu nehmen.

Im Hinblick auf die Erwerbstätigkeit unterscheidet man drei Ehetypen:

- Nur ein Ehegatte ist berufstätig.
- Beide Ehegatten sind voll berufstätig bzw. beide arbeiten Teilzeit.
- Ein Ehegatte ist voll berufstätig und der andere arbeitet Teilzeit.

Die Haushaltsführung regeln die Ehegatten nach § 1356 Abs. 1 BGB im gegenseitigen Einvernehmen. Die Ehegatten können sich darauf einigen, dass ein Ehegatte den Haushalt führt. Nach § 1356 Abs. 1 S. 2 BGB leitet dieser den Haushalt dann in eigener Verantwortung. Auch wenn die Haushaltsführung einem Ehegatten überlassen ist, bleibt der andere Ehegatte mitverantwortlich: Aus der Verpflichtung zur ehelichen Lebensgemeinschaft folgt für jeden Ehegatten die Pflicht zur Mithilfe im Haushalt.

§ 1360 BGB stellt klar, dass der Ehegatte, der den Haushalt führt, in der Regel durch die Haushaltsführung seiner Verpflichtung zum Familienunterhalt nachkommt.

Wird der haushaltsführende Ehegatte durch eine dritte Person verletzt, hat der verletzte Ehegatte (nicht der andere Ehegatte!) einen Anspruch auf Schadensersatz aus § 823 BGB und ggfls. aus Gefährdungshaftung. Der Anspruch erfasst auch den Schaden, der darin liegt, dass der Haushalt eine Zeitlang nicht vom haushaltsführenden Ehegatten geführt werden kann.

Der andere Ehegatte hat dagegen keinen Anspruch gegen den Schädiger: Ein Anspruch aus § 845 BGB scheidet aus, weil der haushaltsführende Ehegatte durch § 1356 BGB nicht kraft Gesetzes zur Leistung von Diensten im Hauswesen des Ehegatten verpflichtet ist. Bei der Haushaltsführung handelt es sich vielmehr nach § 1360 BGB um einen Beitrag zum Unterhalt der Familie.

Wird der haushaltsführende Ehegatte von einem Dritten getötet, hat der überlebende Ehegatte gegen den Dritten einen Anspruch auf Schadensersatz in Form einer Geldrente nach § 844 Abs. 2 BGB. Die Geldrente ist für die Dauer des mutmaßlichen Lebens des haushaltsführenden Ehegatten zu zahlen.

Unterhaltspflichten der Ehepartner (§§ 1360 ff. BGB)

Die Ehepartner sind verpflichtet, die Familie angemessen zu unterhalten. Nach § 1360 Satz 1 BGB besteht diese Verpflichtung im Verhältnis der Ehegatten zueinander. Anspruchsberechtigt ist also jeder Ehegatte.

Die Kinder können ihren Anspruch auf Unterhalt auf die §§ 1601 ff. BGB stützen.

Die Unterhaltsverpflichtung kann erfüllt werden:

- durch Arbeit
- mit dem Vermögen
- durch die Haushaltsführung
  Die Mittel für die Haushaltsführung sind vorzustrecken (§ 1360 a Abs. 2 S. 2 BGB).

Zum Unterhalt zählen nach § 1360 a BGB folgende Positionen:

- Haushaltsführung
- persönliche Bedürfnisse der Ehegatten: Kleidung, Körperpflege, ärztliche Behandlung, Urlaub etc.
  Der Ehegatte, der über kein ausreichendes Einkommen verfügt, kann darüber hinaus vom anderen Ehegatten ein Taschengeld in Höhe von 5 bis 7 Prozent des Nettoeinkommens zur freien Verfügung verlangen, wenn diese Zahlung nicht den angemessenen Familienunterhalt gefährdet (FamRZ 2004, S. 364).
- Lebensbedarf der gemeinsamen unterhaltsberechtigten Kinder
  Da der Kindesunterhalt zum Unterhaltsanspruch nach § 1360 BGB zählt, kann ein Ehegatte den **Kindesunterhalt in eigenem Namen** geltend machen.
- Prozesskostenvorschuss für einen Rechtsstreit nach § 1360 a Abs. 4 BGB

Auf den Familienunterhalt kann nicht **für die Zukunft** verzichtet werden (§ 1360 a Abs. 3 i.V.m. § 1614 Abs. 1 BGB).

Für die Vergangenheit kann Unterhalt unter den Voraussetzungen des § 1360 a Abs. 3 BGB i.V.m. § 1613 BGB gefordert werden.

Leistet ein Ehegatte **mehr Unterhalt, als er verpflichtet ist**, ist im Zweifel anzunehmen, dass er nicht beabsichtigt, von dem anderen Ehegatten Ersatz zu verlangen (§ 1360 b BGB). Mögliche **Anspruchsgrundlagen** für die Rückforderung von zuviel geleistetem Unterhalt sind § 812 Abs. 1 S. 1 BGB (§ 1360 b BGB ergänzt § 814 BGB), § 530 BGB (Widerruf der Schenkung) und §§ 670, 677, 683 (Geschäftsführung ohne Auftrag).

Verpflichtung zur Mitarbeit in Beruf oder Geschäft des anderen

Nach der alten Fassung des § 1356 BGB waren die Ehegatten verpflichtet, im Beruf oder Geschäft des anderen Ehegatten mitzuarbeiten, soweit das nach den Verhältnissen, in denen die Ehegatten lebten, üblich war.

Seit Inkrafttreten des Ersten Gesetzes zur Reform des Ehe- und Familienrechts von 1976 ist jeder Ehegatte grundsätzlich berechtigt, seine Arbeitskraft nach seinen persönlichen Wünschen einzusetzen.

Eine **Verpflichtung** zur Mitarbeit in Beruf und Geschäft des anderen Ehegatten besteht **nur in folgenden Ausnahmefällen**:

- Als **Beitrag zum Unterhalt** nach § 1360 Abs. 1 BGB unter folgenden Voraussetzungen:
  (1) Der Betrieb oder das Geschäft des Ehepartners stellt die wesentliche Quelle des Familienunterhalts dar.
  Bsp.: *Gaststätte, landwirtschaftlicher Betrieb, Teppichgeschäft, Anwaltskanzlei*
  (2) Ohne die Mitarbeit des anderen Ehegatten ist die Sicherung des Familienunterhalts durch den Betrieb oder das Geschäft nicht möglich.
  (3) Der andere Ehegatte könnte seinen Beitrag zum Unterhalt nicht durch eine andere Erwerbstätigkeit leisten.

- Aus der Verpflichtung, nach § 1356 Abs. 2 S. 1 BGB bei der Wahl und Ausübung der Erwerbstätigkeit auf die Belange des anderen Ehegatten und der Familie die gebotene **Rücksicht zu nehmen**. Aus der bloßen Üblichkeit folgt die Mitarbeitspflicht jedoch nicht. Es kommt auf die Umstände des Einzelfalls an.

- Als **Beitrag zur Verwirklichung der ehelichen Lebensgemeinschaft** nach § 1353 Abs. 1 S. 2 BGB, jedoch nur in Extremsituationen und wenn die beruflichen Interessen des anderen Ehegatten nicht vorrangig sind.
  ***Bsp.**: Beim Aufbau einer freiberuflichen Existenz und schwerer Krankheit des einen Ehegatten muss der andere Ehegatte Notarbeiten leisten.*

- Über die gesetzlich geregelten Fälle hinaus kann sich die Verpflichtung zur Mitarbeit **aus Vertrag** ergeben, etwas aus einem Arbeits-, Dienst-, Werk- oder Gesellschaftsvertrag.

Fraglich ist, unter welchen Voraussetzungen die Mitarbeit eines Ehegatten im Betrieb oder Geschäft des anderen Ehegatten vergütet werden soll. Das Familienrecht regelt die Vergütungsfrage nicht.

Zunächst gilt:

> In Fällen, in denen die Mitarbeit eines Ehegatten gesetzlich geschuldet ist, scheidet eine Vergütung aus.
>
> Unentgeltlich ist auch die nach § 1353 BGB geschuldete Pflichtmitarbeit in Extremsituationen.

Unproblematisch sind auch Fälle, in denen die Ehegatten die Mitarbeitspflicht auf eine vertragliche Grundlage (Arbeits-, Dienst-, Werk- oder Gesellschaftsvertrag) gestellt haben.

Problematisch ist folgende Fallkonstellation: Ein Ehegatte hat über Jahre hinweg regelmäßig in Beruf oder Geschäft des anderen mitgearbeitet, ohne hierzu gesetzlich verpflichtet zu sein. Einen ausdrücklichen Vertrag haben die Ehegatten nicht geschlossen. Dann wird die **Ehe geschieden**. Der Ehegatte, der jahrelang seine Arbeitsleistung in Beruf oder Geschäft des anderen investiert hat, verlangt einen Ausgleich. Im gesetzlichen Güterstand der Zugewinngemeinschaft wird der Zugewinn nur eines Ehegatten durch den Zugewinnausgleich ausgeglichen (s. Kapitel 5). Schwierig wird es aber, wenn die Ehegatten **Gütertrennung** vereinbart haben. In einem solchen Fall wäre es grob unbillig, den mithelfenden Ehegatten mit Verweis auf eine fehlende Anspruchsgrundlage leer ausgehen zu lassen.

Der BGH hat deshalb für den schuldrechtlichen Ausgleich der Ehegattenmitarbeit folgende Rechtsprechung entwickelt:

1. Stufe: Auseinandersetzung beim Ausscheiden eines Gesellschafters einer stillschweigend abgeschlossene Ehegatten-Innengesellschaft (§ 738 BGB)

↓ Wenn die Voraussetzungen nicht vorliegen:

2. Stufe: Wegfall der Geschäftsgrundlage (§ 313 BGB) eines familienrechtlichen Vertrages eigener Art (sui generis)

Stillschweigend abgeschlossene Ehegatten-Innengesellschaft:

Die Ehegatten-Innengesellschaft ist eine Form der BGB-Gesellschaft nach §§ 705 ff. BGB, allerdings ohne Gesamthandsvermögen und ohne Außenwirkung. Die Trennung oder Scheidung der Ehegatten löst als Auflösung der Gesellschaft eine Auseinandersetzung aus. Für die Mitarbeit des Ehegatten ist nach § 733 Abs. 2 S. 2 BGB Wertersatz zu leisten. Die Höhe des Ausgleichs beträgt im Zweifel die Hälfte (§ 722 Abs. 1 BGB).

Voraussetzungen einer stillschweigend abgeschlossenen Ehegatten-Innengesellschaft:

(1) Die Ehegatten haben sich in den Dienst einer gemeinsamen **Aufgabe** gestellt, **die über die Verwirklichung der ehelichen Lebensgemeinschaft hinausgeht. Ziel muss die Vermögensbildung als solche sein.**
(2) In der Literatur wird darüber hinaus teilweise gefordert, die Ehegatten müssten gleichberechtigt tätig sein. Nach der Rechtsprechung genügt es, dass jeder Ehegatte einen bedeutsamen Beitrag leistet.

Wegfall der Geschäftsgrundlage (§ 313 BGB) eines familienrechtlichen Vertrages eigener Art (sui generis):

Liegen die Voraussetzungen für eine stillschweigend geschlossene Ehegatten-Innengesellschaft nicht vor, kann sich ein schuldrechtlicher Ausgleichsanspruch für die Mitarbeit eines Ehegatten aus dem Wegfall der Geschäftsgrundlage eines familienrechtlichen Vertrages eigener Art ergeben.

Voraussetzungen für einen **Ausgleichsanspruch aus Wegfall der Geschäftsgrundlage eines familienrechtlichen Vertrages eigener Art**:

(1) Der Fortbestand der Ehe wurde für den Ehegatten, der die Arbeitsleistung erbrachte, vorausgesetzt. Dies war für den anderen Ehegatten erkennbar.

(2) Der Ehegatte, der die Arbeitsleistung erbrachte, hätte die Arbeit nicht erbracht, wenn er gewusst hätte, dass die Ehe scheitert.

(3) Der Ehegatte, der die Arbeitsleistung annahm, hätte sich redlicherweise auf die Vereinbarung einer Vergütung einlassen müssen.

Klausurtipp: Bevor Sie die eben erläuterten besonderen familienrechtlichen Anspruchsgrundlagen prüfen, sollten Sie je nach Fallkonstellation folgende Anspruchsgrundlagen für einen Vergütungsanspruch des mitarbeitenden Ehegatten ansprechen:

- Ist die Mitarbeit gesetzlich aus §§ 1360, 1365 BGB als Beitrag zum Unterhalt geschuldet? Wenn ja, wird die Arbeit nicht vergütet.
- Liegt eine Pflichtmitarbeit in Extremsituationen vor, die nach § 1353 Abs. 1 BGB geschuldet wird? Wenn ja, wird die Arbeit nicht vergütet.
- Liegt eine ausdrückliche Vereinbarung (Arbeits-, Dienst- Werk- oder Gesellschaftsvertrag) vor?
- Liegt ein stillschweigend abgeschlossener Arbeitsvertrag vor? Ein Arbeitsvertrag kann auch stillschweigend (durch Verhalten) abgeschlossen werden. Kennzeichen eines Arbeitsvertrages ist jedoch, dass der Arbeitnehmer für den Arbeitgeber unselbstständige Dienste leistet. Der Arbeitnehmer ist vom Arbeitgeber persönlich abhängig und weisungsgebunden bezüglich Art und Weise, Ort sowie Zeit und Dauer der Dienstleistung. Die stillschweigende Annahme einer solchen Weisungsgebundenheit kann ist mit der Gleichberechtigung in der Ehe kaum vereinbar. Ein stillschweigend abgeschlossener Arbeitsvertrag kann deshalb nur in Ausnahmefällen angenommen werden.
- § 812 Abs. 1 S. 1 1. Alt. BGB scheidet aus, weil ein Rechtsgrund für die Leistung bestand: die Ehe.
- § 812 Abs. 1 S. 2 2. Alt. BGB („Herausgabepflicht, wenn der mit einer Leistung nach dem Inhalte des Rechtsgeschäfts bezweckte Erfolg nicht eintritt"): Man könnte das Fortbestehen der Ehe als Erfolg annehmen, der mit der Mitarbeit bezweckt wurde. Der Zweck der Mitarbeit bestand jedoch im Aufbau von Beruf oder Geschäft des anderen Ehegatten. Das Bestehen und der Fortbestand der Ehe war Beweggrund, nicht Zweck der Mitarbeit.

Ehename / Familienname (§ 1355 BGB)

Nach § 1355 Abs. 1 S. 1 BGB sollen die Ehegatten einen gemeinsamen Familiennamen (Ehenamen) führen. Zu einem gemeinsamen Namen sind sie jedoch nicht verpflichtet, sie können auch den zur Zeit der Eheschließung geführten Namen nach der Eheschließung behalten.

Als Ehename kommt in Betracht:

- Geburtsname der Frau oder des Mannes
- Name, den der Mann oder die Frau zur Zeit der Eheschließung führen.

  Damit kann auch ein durch vorherige Eheschließung erworbener Name zum Ehenamen werden. Die alte Rechtslage, nach der dies nicht möglich war, verstieß nach einem Urteil des Bundesverfassungsgerichts gegen das allgemeine Persönlichkeitsrecht aus Art. 2 Abs. 1 GG i.V.m. Art. 1 Abs. 1 GG (BVerfG Urteil vom 18.2.2004 NJW 2004, S. 1155).

Der Ehename wird der Geburtsname der gemeinsamen Kinder (§§ 1616, 1617 Abs. 1 S. 3 BGB).

Der Ehegatte, dessen Name nicht Ehename wird, kann dem Ehenamen seinen Geburtsnamen oder den zur Zeit der Erklärung über die Bestimmung des Ehenamens geführten Namen voranstellen oder anfügen.

Bsp.: *Frau Hofmeister und Herr Schmitt heiraten. Als Ehenamen bestimmen sie den Namen Hofmeister. Der Ehemann kann sich Hofmeister, Schmitt-Hofmeister oder Hofmeister-Schmitt nennen. Die gemeinsamen Kinder erhalten den Namen Hofmeister.*

Haftungserleichterung nach § 1359 BGB

Für verschuldensabhängige Schadensersatzansprüche unter Ehegatten gilt nicht der normale Haftungsmaßstab des § 276 BGB, nach dem für Vorsatz und für jede Form der Fahrlässigkeit (grobe, mittlere und leichte) gehaftet wird. Es gilt ein besonderer familienrechtlicher Haftungsmaßstab:

Nach § 1359 BGB ist der Umfang der Sorgfaltspflicht auf die **Sorgfalt** beschränkt, **die ein Ehegatte in eigenen Angelegenheiten anzuwenden pflegt**. Nach § 277 BGB ist derjenige, der nur für die Sorgfalt einzustehen hat, die er in eigenen Angelegenheiten anzuwenden pflegt (diligentia quam in suis), von der Haftung wegen grober Fahrlässigkeit nicht befreit. Für mittlere und leichte Fahrlässigkeit haftet er jedoch nicht.

Dieser Haftungsmaßstab bezieht sich nach dem Wortlaut des § 1359 BGB jedoch nur auf die Erfüllung der Verpflichtungen, die sich aus dem ehelichen Verhältnis ergeben.

Bsp.: *Führung des Haushalts, Verpflichtung zur Mitarbeit im Geschäft des Ehegatten*

Der Haftungsmaßstab des § 1359 BGB ist im Verhältnis zum normalen Haftungsmaßstab des § 276 BGB lex specialis (Spezialvorschrift). § 1359 BGB ist **auf der Rechtsfolgenseite zu prüfen!**

Der eingeschränkte Haftungsmaßstab gilt **auch für deliktische Ansprüche**, wenn sie im Zusammenhang mit Verpflichtungen aus dem ehelichen Verhältnis stehen.

Bsp.: *Der Ehemann zerbricht beim Geschirrspülen versehentlich die zarte Glasteekanne seiner Frau. – Der Anspruch der Frau auf Schadensersatz nach § 823 BGB ist wegen §§ 1359 i.V.m. 277 BGB ausgeschlossen.*

Die mildere Haftungsmaßstab des § 1359 BGB gilt nur innerhalb des ehelichen Pflichtenkreises. Er gilt **nicht, wenn sich die Ehegatten rechtsgeschäftlich** wie beliebige Dritte **gegenüberstehen**.

Bsp.: *Eine Frau arbeitet im Möbelgeschäft ihres Mannes mit. Die Tätigkeit der Frau geht über das hinaus, was sie als Beitrag zum Unterhalt nach § 1360 BGB schuldet, und wird im Rahmen eines ausdrücklich geschlossenen Arbeitsvertrages erbracht. - Beschädigt die Frau bei ihrer Arbeit versehentlich ein Möbelstück, haftet sie nach allgemeinen arbeitsrechtlichen Grundsätzen.*

Der mildere Haftungsmaßstab des § 1359 BGB gilt auch **nicht**, wenn **bei der gemeinsamen Teilnahme am Straßenverkehr** durch Verschulden eines Ehegatten Schäden an Person oder Eigentum des anderen Ehegatten entstehen (BGH FamRZ 1988, S. 476).

Diese Einschränkung im Geltungsbereich des § 1359 BGB wird durch **teleologische Reduktion** erreicht: Für den historischen Gesetzgeber waren die Veränderungen des Straßenverkehrs und des Versicherungswesens nicht vorhersehbar. Wenn der Haftungsmaßstab des § 1359 BGB auch bei der Teilnahme am Straßenverkehr gelten würde, hätte dies zur Folge, dass dem geschädigten Ehegatten nur bei grober Fahrlässigkeit des schädigenden Ehegatten ein Ersatzanspruch gegen die Haftpflichtversicherung des schädigenden Ehegatten zustünde.

Eine andere Begründung für den Ausschluss des § 1359 BGB auf dem Bereich des Straßenverkehrs ist, dass die Straßenverkehrsregeln keinen Spielraum für individuelle Sorglosigkeit lassen.

Nach der Rechtsprechung sind leicht bis normal fahrlässig verursachte Ersatzansprüche unter Ehepartnern jedoch wegen eines **stillschweigenden Haftungsverzichts** ausgeschlossen, der dogmatisch an § 1353 Abs. 1 S. 2 BGB anknüpft. Der stillschweigende Haftungsverzicht gilt aber nur, wenn die Ehepartner auch zusammen leben; er gilt nicht, wenn die Ehepartner getrennt leben (zum Begriff des Getrenntlebens s. § 1567 BGB).

Fall 2: Guter Rutsch

Frau und Herr Stendebach haben sich eine Stunde vor dem Jahreswechsel nach einem längeren Streit wieder versöhnt und beschließen, das neue Jahr in einem kleinen Restaurant in den nahe gelegenen Bergen zu beginnen. Herr Stendebach fährt in dem ihm gehörenden „Mini" wie immer etwas ruppig. In einer engen Kurve wird er von einem entgegenkommenden Fahrzeug, das das Fernlicht angeschaltet hat, geblendet und er streift einen Straßenpfosten. Dabei wird Frau Stendebach leicht verletzt (eine kleine Beule an der Stirn, eine leichte Verstauchung am Handgelenk). Die Stendebachs sind trotz allem gut gelaunt und entschließen sich, ein anderes Restaurant als das zunächst geplante aufzusuchen. Dort treffen sie ein Anwaltsehepaar, dem sie zu später Stunde ihren „Fall" erzählen. Das Anwaltspaar diskutiert sofort die Rechtslage. Hätte Frau Stendebach einen Anspruch auf Schadensersatz gegen ihren Mann aus dem Unfall, wenn sie sich in privatärztliche Behandlung begeben würde?

Lösungsvorschlag

Anspruch von Frau Stendebach gegen Herrn Stendebach auf Schadensersatz wegen ihrer Verletzung aus § 823 Abs. 1 BGB

Ein Anspruch auf Schadensersatz aus § 823 Abs. 1 BGB setzt zunächst eine Rechtsgutsverletzung voraus. Frau Stendebach ist an ihrem Körper verletzt. Ursächlich für diese Verletzung ist ein Verhalten von Herrn Stendebach beim Steuern des Fahrzeugs, nämlich das Streifen eines Straßenpfostens am Fahrbahnrand. Die Rechtswidrigkeit ist durch die Erfüllung des Tatbestandes indiziert. Rechtfertigungsgründe sind nicht ersichtlich.

Das Streifen des Pfostens mit dem Auto in einer engen Kurve ist als fahrlässig i.S.d. § 276 Abs. 1 BGB anzusehen, weil Herr Stendebach die im Straßenverkehr erforderliche Sorgfalt außer Acht gelassen hat, wobei hier in Anbetracht der gegebenen Umstände (Geblendet-werden durch das Fernlicht eines entgegenkommenden Fahrzeugs) ein leichter Grad der Fahrlässigkeit vorliegt.

Zu prüfen ist, ob Herr Stendebach für leichte Fahrlässigkeit überhaupt haftet. Es könnte nämlich die Haftungsbeschränkung der §§ 1359 i.V.m. 277 BGB eingreifen, nach der Herr Stendebach nur für die Sorgfalt einzustehen hat, die er auch in eigenen Angelegenheiten anzuwenden pflegt. Da Herr Stendebach gewöhnlich ruppig fährt, könnte der Sorgfaltsmaßstab auch im Verhältnis zu seiner Frau auf grobe Fahrlässigkeit begrenzt sein, so dass Herr Stendebach für einen nur mit leichter Fahrlässigkeit verursachten Schaden nicht haftet.

Die Haftungsbegrenzung des § 1359 BGB bezieht sich nach ihrem Wortlaut nur auf die Erfüllung der Verpflichtungen, die sich aus dem ehelichen Verhältnis ergeben. Darüber hinaus ist sie auch auf deliktische Ansprüche anwendbar, wenn sie im Zusammenhang mit Verpflichtungen aus der Ehe stehen. Bei der gemeinsamen Teilnahme am Straßenverkehr gilt die Haftungsbegrenzung nach § 1359 BGB jedoch nicht, weil die Straßenverkehrsregeln keinen Raum für eine individuelle Sorglosigkeit lassen. Folglich haftet Herr Stendebach in diesem Fall auch für leichte Fahrlässigkeit.

Der auszugleichende Schaden liegt in den Behandlungskosten. Die Kausalität zwischen der Körperverletzung und dem Schaden ist ebenfalls gegeben.

Damit ist ein Anspruch auf Schadensersatz nach §§ 249 ff. BGB grundsätzlich gegeben. Der Anspruch ist jedoch wegen eines stillschweigenden Haftungsverzichtes ausgeschlossen. Der Haftungsverzicht gründet auf § 1353 Abs. 1 S. 2 BGB und bezieht sich nur auf das Verhältnis unter Ehegatten und nicht auf das Verhältnis des geschädigten Ehegatten zur Haftpflichtversicherung des schädigenden Ehegatten.

Ergebnis: Frau Stendebach hat keinen Anspruch auf Schadensersatz wegen ihrer Verletzung gegen ihren Ehepartner.

§§§§§§§§§

Geschäfte zur Deckung des Lebensbedarfs (§ 1357 BGB)

Bis 1977 war das Familienrecht vom Leitbild der Hausfrauenehe geprägt. Nach der alten Fassung des § 1357 BGB war die Ehefrau berechtigt, Geschäfte innerhalb ihres häuslichen Wirkungskreises mit Wirkung für den Ehemann zu besorgen. Nur im Fall der Zahlungsunfähigkeit des Mannes konnte die Ehefrau aus Geschäften im Rahmen der sogenannten **„Schlüsselgewalt"** in Anspruch genommen werden. Die alte Fassung des § 1357 BGB sollte es der Ehefrau, die normalerweise über kein eigenes Einkommen verfügte, ermöglichen, ihren Verpflichtungen (Einkauf von Lebensmitteln, Kleidung etc.) nachzukommen, ohne jeden Kauf mit dem Ehemann absprechen zu müssen. Damit schützte § 1357 BGB die nichterwerbstätige Hausfrau.

1977 hat sich die „Schlüsselgewalt“ von der Haushaltsführung gelöst und steht seither jedem Ehegatten zu. Nach § 1357 Abs. 1 BGB ist jeder Ehegatte berechtigt, Geschäfte zur angemessenen Deckung des Lebensbedarfs der Familie mit Wirkung auch für den anderen Ehegatten zu besorgen. Durch solche Geschäfte werden beide Ehegatten berechtigt und verpflichtet, es sei denn, dass sich aus den Umständen etwas anderes ergibt.

Schließt ein Ehegatte also ein Rechtsgeschäft im Rahmen des § 1357 BGB im eigenen Namen ab, haftet nicht nur der vertragsschließende Ehegatte, sondern auch sein Ehepartner – unabhängig davon, ob der Vertragspartner den Personenstand kannte.

§ 1357 ist ein Fall der **gesetzlichen Vertretungsmacht** mit der Besonderheit, dass nicht nur der Vertretene (kraft Gesetzes), sondern auch der Handelnde (kraft Rechtsgeschäfts) berechtigt und verpflichtet wird.

Im Unterschied zur rechtsgeschäftlichen Vertretung nach den §§ 164 ff. BGB wird nach § 1357 BGB ein anderer verpflichtet, obwohl die Willenserklärung nicht im Namen des Vertretenen abgegeben wurde.

§ 1357 BGB wirkt sowohl im Innenverhältnis der Ehegatten untereinander als auch im Außenverhältnis der Ehegatten zu Dritten:

- Im **Innenverhältnis** berechtigt § 1357 BGB jeden Ehegatten, Geschäfte zur angemessenen Deckung des Lebensbedarfs der Familie vorzunehmen.

  § 1357 BGB ist im Innenverhältnis jedoch nicht zwingend: Interne Beschränkungen oder ein Ausschluss sind durch empfangsbedürftige Willenserklärung möglich; sie wirken jedoch nur nach außen, wenn sie im Güterrechtsregister eingetragen oder dem Dritten bekannt waren, als das Rechtsgeschäft vorgenommen wurde (§ 1357 Abs. 2 S. 2 i.V.m. § 1412 BGB).

- Im **Außenverhältnis** tritt eine Mitberechtigung und Mitverpflichtung des anderen Ehegatten ein.

Ziele des § 1357 BGB:

- Der haushaltsführenden Ehegatten ohne Einkommen soll den Haushalt ohne Absprache oder Vollmacht des anderen Ehegatten führen können.
- Der Gläubiger erhält neben dem haushaltsführenden Ehegatten ohne Einkommen einen leistungsfähigen Schuldner.

Die Mitverpflichtung des anderen Ehegatten aus § 1357 BGB beschränkt sich auf Rechtsgeschäfte, die nicht mit Bargeld abgewickelt werden oder für die der handelnde Ehegatte keine Bankvollmacht vom anderen Ehegatten hat.

Voraussetzungen und Rechtsfolgen des § 1357 BGB

I. Voraussetzungen

1. Wirksame Ehe, kein Getrenntleben
2. Abschluss eines Geschäftes zur angemessenen Deckung des Lebensbedarfs der Familie
   (ggfls. zunächst Abschluss eines wirksamen Rechtsgeschäftes prüfen)
3. Aus den Umständen darf sich nichts ergeben, was die Mitberechtigung oder Mitverpflichtung des Ehegatten ausschließt
4. Kein wirksamer Ausschluss, keine wirksame Beschränkung der Berechtigung, den anderen Ehegatten mit zu verpflichten (§ 1357 Abs. 2 BGB)

II. Rechtsfolgen:

Berechtigung und Verpflichtung des anderen Ehegatten

Erläuterungen einzelner Punkte und möglicher Klausurprobleme:

zu 1.: Wirksame Ehe, kein Getrenntleben

Auch bei aufhebbarer Ehe (s. Kapitel 3) gilt § 1357 BGB! Erst mit der Rechtskraft des Auflösungsurteil ist die auflösbare Ehe unwirksam (s. § 1313 S. 2 BGB). Nach § 1357 Abs. 3 BGB gilt § 1357 Abs. 1 BGB nicht während des Getrenntlebens. Zum Begriff des Getrenntlebens s. § 1567 BGB.

zu 2.: Abschluss eines Geschäftes zur angemessenen Deckung des Lebensbedarfs der Familie

Zunächst muss der handelnde Ehegatte ein **wirksames Rechtsgeschäft** abgeschlossen haben.

Zur Unwirksamkeit können allgemeine Nichtigkeitsgründe führen.

***Bsp.**: Anfechtung nach §§ 119 ff. BGB, Scherzerklärung nach § 118 BGB*

Problem: Kann ein minderjähriger Ehegatte sich selbst und seinen Ehegatten verpflichten?

(Die Verpflichtung des volljährigen Ehegatten durch den Minderjährigen ist systematisch richtig auf der Rechtsfolgenseite zu prüfen.)

Die Verpflichtung des Minderjährigen richtet sich nach allgemeinen Vorschriften der §§ 106 ff. BGB.

Erlangt der Minderjährige durch das Rechtsgeschäft nicht lediglich einen rechtlichen Vorteil, ist die Zustimmung des gesetzlichen Vertreters erforderlich. Fehlt die (vorherige) Einwilligung und bleibt die (nachträgliche) Genehmigung aus, ist die Willenserklärung des Minderjährigen unwirksam.

Die Verpflichtung des Ehegatten ergibt sich aus der **analogen Anwendung von § 165 BGB**.

Nach § 165 BGB beeinträchtigt die beschränkte Geschäftsfähigkeit eines Vertreters nicht die Wirksamkeit seiner Willenserklärung. Die Frage, ob ein Minderjähriger seinen Ehepartner nach § 1357 BGB verpflichten kann, ist gesetzlich nicht geregelt. § 165 BGB passt wegen der gleichen Interessenlage auch auf die Verpflichtung des Ehegatten durch einen Minderjährigen nach § 1357 BGB.

Problem: Kann ein volljähriger Ehegatte über § 1357 BGB eine Verpflichtung des minderjährigen Ehepartners herbeiführen?

(Die Frage ist systematisch richtig auf der Rechtsfolgenseite zu prüfen.)

Nein, eine gesetzliche Haftungserweiterung (durch gesetzliche Vertretungsmacht) wäre mit dem Minderjährigenschutz nicht vereinbar.

Das Rechtsgeschäft muss der **angemessenen Deckung des Lebensbedarfs** der Familie dienen.

Der **Lebensbedarf** ist ein Begriff aus dem Unterhaltsrecht (s. § 1360 a BGB). Er erfasst alle Geschäfte des unmittelbaren Bedarfs (Ernährung, Kleidung, Miete, Heizkosten, Hygieneartikel etc.) und des persönlichen Bedarfs (Bücher, Zeitschriften, Genussmittel, Reisen, etc.).

Bei der Frage, ob ein Rechtsgeschäft im Rahmen des angemessenen Lebensbedarfs liegt, kommt es auf das äußere Erscheinungsbild, auf den erkennbaren sozialen Status, nicht auf die tatsächlichen finanziellen Verhältnisse der Familie an.

Unter § 1357 BGB fallen also Geschäfte, die die Familie als Konsumgemeinschaft betreffen.

Einzel- und Problemfälle von Rechtsgeschäften, die unter § 1357 BGB fallen:

- Arzt- und Krankenhausverträge, jedenfalls soweit sie die medizinisch notwendige Versorgung betreffen und unaufschiebbar sind.

- Kreditgeschäfte wie der Kauf unter Eigentumsvorbehalt nach § 449 BGB. Auch Geschäfte, die dem Verbraucherschutz unterliegen, können unter § 1357 BGB fallen: Rechtsgeschäfte nach §§ 312, 312 a ff (Verbraucherverträge, außerhalb von Geschäftsräumen geschlossene Verträge, Fernabsatzverträge), Verbraucherdarlehen nach §§ 491 ff. BGB, Zahlungsaufschub und sonstige Finanzierungshilfen nach §§ 499 ff. BGB, Ratenlieferungsverträge nach § 510 BGB.

  Etwaige Schutzvorschriften (Formvorschriften nach § 492 BGB oder Belehrung über das Widerrufsrecht bei Verbraucherverträgen nach § 355 BGB) müssen nur gegenüber dem vertragsschließenden Ehegatten eingehalten werden (strittig!).

Folgende Rechtsgeschäfte werden NICHT von § 1357 BGB erfasst:

- Rechtsgeschäfte, die in der persönlichen Sphäre eines Ehegatten liegen
  Bsp.: *Arbeitsvertrag, Fortbildungskurs*

- Rechtsgeschäfte, die der Vermögensanlage oder -verwaltung dienen.
  Bsp.: *Abschluss eines Sparvertrages*

- Rechtsgeschäfte, die den bisherigen Lebensstandard der Familie überschreiten oder die die Lebensbedingungen grundlegend ändern und deshalb vorheriger Absprache bedürfen.
  Bsp.: *Kauf eines Eigenheims; Kündigung der Wohnung; eine Reise, die länger als eine Kurzreise ist*

Klausurtipp: Vermeiden Sie bei der Überlegung, ob ein Rechtsgeschäft unter § 1357 BGB fällt, pauschale Begründungen! Argumentieren Sie stets am Einzelfall.

Bsp.: *Wird ein Auto ausschließlich für berufliche Zwecke eines Ehegatten angeschafft, zählt es zu seiner persönlichen Sphäre. Soll das Auto jedoch ausschließlich für Einkaufs- und Freizeitfahrten genutzt werden, handelt es sich um ein Bedarfsdeckungsgeschäft.*

zu 3.: aus den Umständen darf sich nichts ergeben, was die Mitberechtigung oder Mitverpflichtung des anderen Ehegatten ausschließt

Folgende Umstände kommen in Betracht:

- Der Ehegatte, der das Rechtsgeschäft abschließt, stellt eindeutig klar, dass er allein der Vertragspartner ist.
- Der handelnde Ehegatte schließt als Vertreter des anderen Ehegatten ein Rechtsgeschäft ab.
  Voraussetzung für die Stellvertretung sind nach § 164 BGB Handeln in fremdem Namen und Vertretungsmacht. Um die Mitverpflichtung nach § 1357 BGB auszuschließen, muss der handelnde Ehegatte eindeutig klarstellen, dass er sich nicht verpflichten will.
- Auch objektive Umstände kommen in Betracht.
  Bsp.: *Notwendige Behandlungskosten, die die wirtschaftliche Leistungsfähigkeit einer Familie übersteigen. Maßstab ist das äußere Erscheinungsbild, der erkennbare soziale Status.*

zu 4.: kein wirksamer Ausschluss, keine wirksame Beschränkung der Berechtigung

Nach § 1357 Abs. 2 BGB kann ein Ehegatte die Berechtigung des anderen, Geschäfte für ihn zu besorgen, beschränken oder ausschließen.
Beschränkungen oder der Ausschluss der Schlüsselgewalt wirken nur dann nach außen, wenn sie dem Dritten bei Geschäftsschluss bekannt oder im Güterrechtsregister eingetragen waren (§ 1357 Abs. 2 BGB i.V.m. § 1412 BGB).

<u>Rechtsfolge:</u> Berechtigung und Verpflichtung des anderen Ehegatten

Durch Rechtsgeschäfte im Rahmen der angemessenen Deckung des Lebensbedarfs einer Familie werden beide Ehegatten berechtigt und verpflichtet.

Die Verpflichtung aus Rechtsgeschäften im Rahmen der Schlüsselgewalt trifft beide Ehegatten als **Gesamtschuldner** i.S.d. § 421 BGB. Jeder Ehegatte ist also verpflichtet, die ganze Leistung zu bewirken (z.B. den gesamten Kaufpreis zu zahlen), der Gläubiger darf die Leistung jedoch nur einmal fordern. Im Innenverhältnis der Ehegatten findet nach § 426 BGB ein Ausgleich statt. Dieser orientiert sich an der Unterhaltsverpflichtung.

Darüber hinaus stellen sich auf der Rechtsfolgenseite eine Reihe von Fragen, die teilweise kontrovers diskutiert werden.

Problem: An wen kann der Schuldner bei Geschäften, die unter § 1357 fallen, mit befreiender Wirkung leisten?

Die Ehegatten sind **Gesamtgläubiger** i.S.d. § 428 BGB[7]. Jeder Ehegatte kann also die gesamte Leistung an sich verlangen; der Schuldner muss die Leistung nur einmal bewirken.

Problem: Welche Bedeutung hat § 1357 für die dingliche Rechtslage? Wer erwirbt also Eigentum an Gegenständen, die aus Geschäften im Rahmen der Schlüsselgewalt übereignet werden?

§ 1357 BGB wirkt sich nicht auf die dingliche Rechtslage aus. Durch Geschäfte im Rahmen der Schlüsselgewalt entsteht also kein Miteigentum der Ehegatten. Vielmehr gelten beim Eigentumserwerb **die allgemeinen Regeln des Sachenrechts nach §§ 929 ff. BGB**. Dabei gelten folgende Besonderheiten:

- Beim Erwerb von Hausratsgegenständen geht in der Zugewinngemeinschaft der Erwerb durch **dingliche Surrogation** nach § 1370 BGB dem Erwerb nach §§ 929 ff. BGB vor (s. Kapitel 5).

- Außerdem ist die Rechtsfigur des **„Geschäftes für den, den es angeht“** zu beachten. Diese Rechtsfigur ist ein Fall der Stellvertretung, bei der es nicht erforderlich ist, dass der Vertreter im fremden Namen handelt. Der Vertrag kommt mit dem zustande, den es angeht, wenn (1) der Vertreter für den anderen handeln will und (2) für die Vertragspartei die Person des Geschäftspartners gleichgültig ist. Durch ein Geschäft für den, den es angeht, kommt auch Miteigentum beider Ehegatten oder Alleineigentum des anderen Ehegatten in Betracht.

  ***1. Bsp.:** Die Übereignung neuer Hausratsgegenstände, die keine alten Gegenstände ersetzen (dann § 1370 BGB), führt in der Regel zu Miteigentum.*

  ***2. Bsp.:** Holt der Ehemann aus der Apotheke ein Medikament für seine Frau ab, führt dies zum Alleineigentum der Ehefrau.*

Problem: Müssen Gestaltungsrechte (Widerruf, Rücktritt, Anfechtung, Minderung etc.) von den Ehegatten gemeinschaftlich geltend gemacht werden?

Nein. Teilweise wird vertreten, dass nur der Ehegatte, der das Rechtsgeschäft abgeschlossen hat, Gestaltungsrechte ausüben darf. Nach anderer Ansicht kann auch der mitverpflichtete Ehegatte Gestaltungsrechte ausüben.

---

[7] Strittig. Nach anderer Ansicht sind die Ehegatten Gläubiger einer unteilbaren Leistung i.S.d. § 432 BGB

Eigentumsvermutung zugunsten der Gläubiger (§ 1362 BGB)

Im gemeinsamen Haushalt eines Ehepaares sind die Eigentumsverhältnisse an beweglichen Sachen aus der Sicht außenstehender Personen regelmäßig nicht erkennbar. Begleicht ein Ehegatte seine Schulden nicht und betreibt der Gläubiger dieses Ehegatten die Zwangsvollstreckung, könnte sich für den Gerichtsvollzieher, der in der Ehewohnung nach pfändbaren Gegenständen sucht, die Frage stellen, ob ein bestimmter Gegenstand im Eigentum des Schuldners steht oder nicht.

Grundsätzlich gilt für Eigentumsverhältnisse die allgemeine Vermutung des § 1006 BGB. Nach § 1006 Abs. 1 S. 1 BGB wird zugunsten des Besitzers einer beweglichen Sache vermutet, dass er Eigentümer der Sache sei. Nach allgemeinen Regeln bestünde an den gemeinsam benutzten Gegenständen in der Ehewohnung Mitbesitz der Ehegatten. Der Mitbesitz begründet die Vermutung des Miteigentums, und zwar im Zweifel zu gleichen Teilen (§§ 1008, 741, 742 BGB).

Die Besitzverhältnisse in einer Ehewohnung sind jedoch nicht eindeutig. Zu der allgemeinen Vermischung privater und gemeinsam angeschaffter Gegenstände kommt noch Folgendes hinzu: Ehepartner können sich gegenseitig nach §§ 929, 930 BGB Gegenstände übereignen, ohne dass dies nach außen erkennbar ist.

Bsp.: *Die Ehefrau hat sich für ihr Arbeitszimmer einen teuren Wandteppich gekauft. Der Ehemann ist vom Design des Teppichs begeistert. Die Frau schenkt den Teppich ihrem Mann, lässt ihn jedoch in ihrem Arbeitszimmer hängen.*

Wegen der uneindeutigen Besitzverhältnisse in einer Ehewohnung gilt die Vermutung des § 1006 BGB im Eherecht nicht. **Statt der Eigentumsvermutung des § 1006 BGB gilt im Eherecht die Spezialvorschrift des § 1362 BGB.** § 1362 BGB gilt jedoch nur im Verhältnis zu den Gläubigern eines Ehepartners, nicht im Innenverhältnis der Ehepartner untereinander.

Nach § 1362 Abs. 1 S. 1 BGB wird zugunsten der Gläubiger des Mannes und der Gläubiger der Frau vermutet, dass die im Besitz eines Ehegatten oder beider Ehegatten befindlichen beweglichen Sachen dem Schuldner gehören.

Bsp.: *Die Ehefrau verliert einen Prozess und zahlt nicht. Der Gerichtsvollzieher pfändet den Wandteppich aus dem Arbeitszimmer der Ehefrau. Der Ehemann wendet ein, dieser Teppich sei sein Eigentum. - Hier greift die Vermutung des § 1362 Abs. 1 S. 1 BGB ein: Zugunsten des Gläubigers der Ehefrau wird vermutet, dass die Ehefrau Eigentümerin des Wandteppichs ist.*

Die Eigentumsvermutung des § 1362 Abs. 1 S.1. BGB wird in der Zwangsvollstreckung durch die **Gewahrsamsfiktion des § 739 ZPO** ergänzt: Danach gilt bei einer Zwangsvollstreckung gegen Ehegatten, bei der zugunsten der Gläubiger die Vermutung des § 1362 BGB eingreift, für die Durchführung der Zwangsvollstreckung nur der Schuldner als Gewahrsamsinhaber und Besitzer. Die Gewahrsamsfiktion des § 739 ZPO hat folgende Bedeutung für die Zwangsvollstreckung in körperliche Sachen: Nach § 808 Abs. 1 ZPO darf der Gerichtsvollzieher nur solche körperliche Sachen in Besitz nehmen, die sich im Gewahrsam des Schuldners befinden. Die Gewahrsamsfiktion des § 739 ZPO **gewährleistet eine verfahrensfehlerfreie Inbesitznahme** des Gerichtsvollziehers auch hinsichtlich der Gegenstände, die im Eigentum des anderen Ehegatten stehen.

Möchte der Ehemann, in dessen Eigentum vollstreckt wurde, obwohl nicht er, sondern seine Ehefrau die Schuldnerin ist, gegen die Zwangsvollstreckung in sein Eigentum vorgehen, ist die Vollstreckungserinnerung nach § 766 ZPO **nicht** die richtige Klageart, weil das Verfahren wegen § 739 ZPO fehlerfrei war.

Da es sich bei § 1362 Abs. 1 S. 1 BGB um eine Vermutung und nicht – wie bei § 739 ZPO – um eine Fiktion handelt, hat der Ehegatte, der Eigentümer der gepfändeten Sache, jedoch nicht Schuldner ist, die Möglichkeit, die Vermutung zu widerlegen. Nach **§ 292 ZPO** ist in Fällen, in denen das Gesetz für das Vorhandensein einer Tatsache eine Vermutung aufstellt, der **Beweis des Gegenteils** zulässig.

Den Beweis des Gegenteils kann der Ehegatte auf folgende Weise führen:

- Er legt dar, dass er den Gegenstand im eigenen Namen erworben hat.
- Er legt dar, dass ihm der Gegenstand vor der Eheschließung gehört hat. (Für das Fortbestehen des Eigentums gilt dann die Vermutung des § 1006 BGB.)

Der Ehegatte, der Eigentümer der gepfändeten Sache, jedoch nicht Schuldner ist, kann die Vermutung des § 1362 BGB im Wege der Drittwiderspruchsklage (§ 771 ZPO) widerlegen.

Voraussetzung für die Drittwiderspruchsklage ist die Behauptung eines Dritten, dass ihm an dem Gegenstand der Zwangsvollstreckung ein die Veräußerung hinderndes Recht zusteht.

Die **Eigentumsvermutung des § 1362 BGB gilt in folgenden Fällen nicht:**

- Die Ehegatten leben getrennt (zum Begriff des Getrenntlebens s. § 1567 BGB) und die Sachen befinden sich im Besitz des Ehegatten, der nicht Schuldner ist (§ 1362 Abs. 1 S. 2 BGB).

- Für Sachen, die ausschließlich zum persönlichen Gebrauch eines Ehegatten bestimmt sind, wird nach § 1362 Abs. 2 BGB vermutet, dass sie dem Ehegatten gehören, für dessen Gebrauch sie bestimmt sind. Diese Eigentumsvermutung gilt sowohl im Verhältnis der Ehegatten zu den Gläubigern als auch im Verhältnis der Ehegatten untereinander.

  ***Bsp.**: Kleidung, Schmuck (es sei denn, er dient als Kapitalanlage) sowie Gegenstände, die der Berufsausübung dienen (z.B. Musikinstrumente, Notebook)*

- Im Innenverhältnis der Ehegatten: Hier gilt die Eigentumsvermutung für den Besitzer nach § 1006 BGB.

Problem: Kann § 1362 BGB **analog auf die nichteheliche Lebensgemeinschaft** angewandt werden?

Ein Teil der Literatur befürwortet dies, da ansonsten nichteheliche Lebensgemeinschaften gegenüber Ehepaaren bevorzugt würden.
Der BGH (11.1.2007, III ZR 302/05) lehnt die Analogie dagegen ab: Der Gesetzgeber habe sich bei einer Neuregelung der Zwangsvollstreckung im Jahr 1997 gegen eine Einbeziehung der nichtehelichen Lebensgemeinschaft in § 1362 BGB entschieden, daher scheide eine planwidrige Regelungslücke aus.

Sondervorschriften bei Getrenntleben

Für die Zeit des Getrenntlebens gelten Sondervorschriften und Abweichungen von den allgemeinen Rechtswirkungen der Ehe.

Das Getrenntleben ist nach §§ 1565, 1566 BGB Voraussetzung für die Ehescheidung. Die Zeit des Getrenntlebens beginnt mit der Trennung und endet entweder mit der Rechtskraft des Scheidungsurteils, mit einer Versöhnung oder mit einem längeren Zusammenleben, das zur Aufhebung des Getrenntlebens führt (Argument aus § 1567 Abs. 2 BGB).

Nach § 1567 Abs. 1 BGB leben die Ehegatten getrennt, wenn zwischen ihnen keine häusliche Gemeinschaft besteht und ein Ehegatte sie erkennbar nicht herstellen will, weil er die eheliche Lebensgemeinschaft ablehnt.

Das Getrenntleben erfordert demnach zwei Elemente:

- ein objektives Element
- ein subjektives Element, mindestens bei einem Ehegatten

Besteht die häusliche Trennung gezwungenermaßen und fehlt es am subjektiven Element, liegt kein Getrenntleben im Rechtssinn vor.

Bsp.*: unterschiedliche Wohnsitze aus beruflichen Gründen, Kriegseinsatz, Absitzen einer Freiheitsstrafe*

Ein Getrenntleben ist nach § 1567 Abs. 1 S. 2 BGB **auch innerhalb der Ehewohnung möglich**.

Nach der Rechtsprechung des BGH müssen dann getrennte Haushalte geführt werden und es dürfen keine persönlichen Beziehungen mehr zwischen den Eheleuten bestehen.

Während des Getrenntlebens sind folgende **Sondervorschriften und Abweichungen von den allgemeinen Rechtswirkungen der Ehe** zu beachten:

- Nach **§ 1353** Abs. 2 BGB besteht keine Verpflichtung zur Herstellung der ehelichen Lebensgemeinschaft.

- Nach **§ 1357** Abs. 3 BGB gilt die Mitberechtigung und Mitverpflichtung des anderen Ehegatten durch Geschäfte zur angemessenen Deckung des Lebensbedarfs nach § 1357 Abs. 1 BGB nicht.

- Nach **§ 1362** Abs. 2 BGB gilt die Eigentumsvermutung zugunsten der Gläubiger des Mannes oder der Frau nicht, wenn die Ehegatten getrennt leben und wenn sich die zu pfändenden Sachen im Besitz des Ehegatten befinden, der nicht Schuldner ist.

- § 1361 BGB regelt den **Unterhalt** bei Getrenntleben.
  Nach § 1361 Abs. 3 BGB kommt für die Herabsetzung des Unterhaltsanspruchs eine entsprechende Anwendung von § 1579 Nr. 2 bis 8 BGB in Betracht. Zu beachten ist, dass nicht auf § 1579 Nr. 1 BGB (kurze Dauer der Ehe) verwiesen wird. Eine kurze Ehedauer schließt den Anspruch auf Trennungsunterhalt also nicht aus.

- Für die **Verteilung des Hausrats** bei Getrenntleben gilt § 1361a BGB.
  Nach § 1361a Abs. 1 S. 1 BGB hat jeder Ehegatte einen Anspruch auf Herausgabe der ihm gehörenden Haushaltsgegenstände. Der Herausgabeanspruch geht dem Herausgabeanspruch des § 985 BGB für den Fall

der Herausgabe von Hausratsgegenständen bei Getrenntleben vor (strittig). Zum Hausrat gehört auch ein gemeinsam von den Ehegatten benutztes Auto.

Nach § 1361a BGB werden Haushaltsgegenstände, die den Ehegatten gemeinsam gehören, zwischen ihnen nach den Grundsätzen der Billigkeit verteilt. Kriterien für Verteilung nach Gesichtspunkten der Billigkeit sind: Kann der Ehegatte, von dem die Herausgabe verlangt wird, auf den Gegenstand verzichten? Welcher Ehegatte ist nach Einkünften und Vermögen eher in der Lage, einen Ersatzgegenstand zu beschaffen? Bei welchem Ehegatten leben gemeinsame minderjährige Kinder? Wer hat die Trennung verschuldet?

- § 1361b BGB gibt einem Ehegatten einen Anspruch auf Zuweisung der Ehewohnung, z.B. bei Gewalttätigkeiten durch den anderen Ehegatten (Abs. 2)

  Weitere gerichtliche Maßnahmen zum Schutz vor Gewalt und Nachstellungen finden sich im Gewaltschutzgesetz vom 11.12.2001.
  Das Gewaltschutzgesetz ist neben § 1361b BGB auch auf Ehegatten anwendbar (strittig, nach anderer Ansicht ist § 1361b BGB für Ehegatten lex specialis).

Fall 3: Gefahr durch Mikrowellen

Julika (J) hat den Sprung vom Referendariat in eine verbeamtete Stelle als Grundschullehrerin geschafft, während ihr vermögensloser Ehemann Christoph (C) Skulpturen aus Alltagsgegenständen herstellt, die sich nicht verkaufen. Eines Tages schlägt C vor, ein Mikrowellengerät zu kaufen, um das Aufwärmen von Mahlzeiten zu erleichtern. J ist strikt dagegen. Sie sagt, sie müsse ihren Schülerinnen und Schülern auch in ihrem Privatleben ein Vorbild sein. Mikrowellen zerstörten bekanntlich fast alle Vitamine. Dennoch kauft C am 1.9. zur Überwindung einer Schaffenskrise im Kaufhaus K ein Mikrowellengerät zum Preis von 129 Euro. Er zahlt 29 Euro aus der Haushaltskasse an. Am Vormittag des 5.9. wird das Mikrowellengerät vereinbarungsgemäß geliefert. C nimmt es in Empfang. Als J aus der Schule kommt, ist sie entsetzt. Es kommt zum Streit, in dessen Verlauf sich C von J trennt. C zieht zu seinem Künstlerfreund F. Das Mikrowellengerät nimmt er mit, weil Fs Herd defekt ist und F kein Geld hat, um ihn reparieren zu lassen oder gar einen neuen zu kaufen. Ein Mikrowellengerät besitzt F auch nicht.
Frage 1: Muss J das Mikrowellengerät bezahlen?
Frage 2: Kann J von C Herausgabe des Mikrowellengerätes verlangen?

Lösungsvorschlag

1. Frage: Anspruch von K gegen J auf Zahlung des restlichen Kaufpreises in Höhe von 100 Euro für das Mikrowellengerät aus § 433 Abs. 2 BGB

Der Anspruch kann sich aus § 433 Abs. 2 BGB ergeben.

1. K und J haben zwar keinen Kaufvertrag abgeschlossen, doch könnte C als Vertreter der J gehandelt und die J nach § 164 Abs. 1 BGB verpflichtet haben. Dann müsste C die Willenserklärung zum Abschluss des Kaufvertrages im Namen der J abgegeben haben. J hat aber eine Willenserklärung im eigenen Namen abgegeben. Er hat also nicht als Stellvertreter der J gehandelt.

2. C könnte die J über § 1357 Abs. 1 BGB mitverpflichtet haben. Dies wäre dann der Fall, wenn C ein Geschäft zur angemessenen Deckung des Lebensbedarfs vorgenommen hätte. Durch ein solches Geschäft werden der handelnde Ehegatte gemeinsam mit dem anderen Ehegatten als Gesamtschuldner i.S.d. § 421 BGB verpflichtet.

Geschäfte zur Deckung des Lebensbedarfs erfassen alle Geschäfte zur Deckung des unmittelbaren Bedarfs (Grundversorgung wie Ernährung, Kleidung und Körperpflege) und des persönlichen Bedarfs der Familie. Ein Mikrowellengerät dient der Zubereitung von Mahlzeiten. Der Kauf eines Mikrowellengerätes dient deshalb der Deckung des Lebensbedarfs.

Der Lebensbedarf, der mit dem Kauf des Gerätes gedeckt wird, muss auch angemessen sein. Bei der Frage der Angemessenheit kommt es auf den erkennbaren sozialen Status der Familie im Verhältnis zum konkreten Rechtsgeschäft an. Ein Mikrowellengerät gehört inzwischen fast zur gängigen Ausstattung eines Haushalts. Der Preis von 129 Euro liegt im Rahmen. Damit liegt ein angemessenes Geschäft zur Deckung des Lebensbedarfs vor.

Es ist nicht ersichtlich, dass sich aus den Umständen etwas ergibt, was die Mitverpflichtung der J ausschließen könnte, etwa dass C klargestellt hätte, allein der Vertragspartner zu sein.

Somit ist die J durch den Kaufvertrag mitverpflichtet.

3. Zu prüfen ist, ob die Mitverpflichtung der J nach § 1357 Abs. 2 BGB ausgeschlossen ist. J hat klargestellt, dass sie die Anschaffung eines Mikrowellengerätes ablehnt. Außenwirkung entfaltet eine interne Absprache jedoch nur, wenn sie im Güterrechtsregister eingetragen oder dem Dritten bekannt ist (§ 1357 Abs. 2 i.V.m. § 1412 Abs. 1 BGB). Die ablehnende Haltung der J gegenüber C gilt deshalb nur im Innenverhältnis der Ehegatten und ist im Außenverhältnis unerheblich. Die Mitverpflichtung der J ist nicht nach § 1357 Abs. 2 BGB ausgeschlossen.

Ergebnis: J ist zur Zahlung des restlichen Kaufpreises in Höhe von 100 Euro verpflichtet.

2. Frage: Herausgabeansprüche der J gegen C

1. Anspruch der J gegen C auf Herausgabe des Mikrowellengerätes aus § 1361 a Abs. 1 BGB

a) Voraussetzung des Herausgabeanspruchs aus § 1361 a BGB ist zunächst das Getrenntleben der Ehegatten. Nach § 1567 BGB leben die Ehegatten getrennt, wenn zwischen ihnen keine häusliche Gemeinschaft besteht und ein Ehegatte sie erkennbar nicht herstellen will, weil er die eheliche Lebensgemeinschaft ablehnt. C hat sich von J getrennt und ist aus der Ehewohnung ausgezogen. Damit leben J und C getrennt.

b) J müsste Eigentümerin und C müsste Besitzer des Mikrowellengerätes sein.

C hat die tatsächliche Gewalt über das Mikrowellengerät, er ist Besitzer (vgl. § 854 BGB).

Fraglich ist, ob J Eigentümerin des Mikrowellengerätes ist.

aa) J könnte nach § 929 S. 1 BGB i.V.m. § 1357 BGB Miteigentum am Mikrowellengerät erworben haben. Dies wäre dann der Fall, wenn sich § 1357 BGB auf die dingliche Rechtslage auswirken würde. § 1357 BGB hat jedoch nur schuldrechtliche und keine dingliche Wirkung. Dies ergibt sich bereits aus dem Wortlaut des § 1357 Abs. 1 S. 2 BGB („berechtigt und verpflichtet"). Aus § 1357 Abs. 1 BGB ergibt sich deshalb kein Miteigentum der C am Mikrowellengerät.

bb) J könnte nach § 929 S. 1 i.V.m. § 164 BGB Eigentum am Mikrowellengerät erworben haben. Dann müsste C bei der Übergabe des Mikrowellengerätes als Vertreter der J aufgetreten sein. Dies war jedoch nicht der Fall. Ein Eigentumserwerb nach § 929 S. 1 i.V.m. § 164 BGB scheidet deshalb aus.

cc) J könnte über die Rechtsfigur des Geschäftes für den, den es angeht, Eigentum am Mikrowellengerät erworben haben. Voraussetzung eines Erwerbs ist zunächst, dass es dem Vertragspartner, dem K, gleichgültig war, ob J oder C Eigentum am Mikrowellengerät erwirbt. Diese Voraussetzung liegt. vor. Weiter müsste C bei der Übereignung des Mikrowellengerätes den Willen gehabt haben, der J Eigentum daran zu verschaffen. Dieser Wille lag bei C nicht vor. C wollte trotz der ablehnenden Haltung der J gegenüber dem Mikrowellengerät beiden Ehegatten Miteigentum verschaffen. J ist deshalb nicht (Allein-)Eigentümerin des Mikrowellengerätes geworden.

Ergebnis: Ein Anspruch aus Herausgabe aus § 1361 a Abs. 1 BGB scheidet aus.

2. Anspruch der J gegen C auf Herausgabe des Mikrowellengerätes aus § 1361 a Abs. 2 BGB

Möglicherweise könnte J ihren Anspruch auf Herausgabe auf § 1361 a Abs. 2 BGB stützen. Danach werden Haushaltsgegenstände, die beiden Ehegatten gemeinsam gehören, nach den Grundsätzen der Billigkeit geteilt. Das Mikrowellengerät steht im Miteigentum der Ehegatten. Fraglich ist, ob die Überlassung des Gerätes an J der Billigkeit entspricht. Gegen eine Überlassung an J spricht, dass J die Anschaffung eines Mikrowellengerätes ohnehin ablehnt und dass sie für den Fall, dass sie ihre Meinung ändert, über die Mittel verfügt, sich ein eigenes Gerät zu kaufen. Da Fs Herd defekt ist, ist das Mikrowellengerät außerdem die einzige Möglichkeit für C zur Zubereitung warmer Mahlzeiten. Ein eindeutiges Verschulden an der Trennung kann weder C noch J angelastet werden. Deshalb entspricht es der Billigkeit, dass das Mikrowellengerät bei C bleibt.

Ergebnis: Ein Anspruch auf Herausgabe des Mikrowellengerätes scheidet auch aus § 1361 Abs. 2 BGB aus.

§§§§§§

Wiederholungsfragen zum 4. Kapitel

1. Nennen Sie 8 Rechtswirkungen der Ehe auf dem Bereich des Zivilrechts.	(1) Pflicht zur ehelichen Lebensgemeinschaft (§ 1353 BGB) (2) Regelung von Haushaltsführung und Erwerbstätigkeit im gegenseitigen Einvernehmen (§ 1356 BGB) (3) Unterhaltspflichten der Ehepartner (4) Unter Umständen Verpflichtung zur Mitarbeit in Beruf oder Geschäft des Ehegatten (5) Regelung des Ehe- bzw. Familiennamens (6) Haftungserleichterung nach § 1359 BGB (7) Mitverpflichtung des Ehepartners bei Geschäften zur Deckung des Lebensbedarfs nach § 1357 BGB (8) Eigentumsvermutung zugunsten der Gläubiger nach § 1362 BGB
2. Warum ist der Anspruch auf Herstellung und Verwirklichung der ehelichen Lebensgemeinschaft nicht vollstreckbar?	Weil § 888 ZPO, der die Vollstreckung von nicht vertretbaren Handlungen regelt, nach § 888 Abs. 3 ZPO u.a. nicht im Fall der Verurteilung zur Herstellung des ehelichen Lebens gilt.
3. Welche Bereiche erfasst der räumlich-gegenständliche Bereich der und welche Bedeutung hat er?	Der räumlich-gegenständliche Bereich der Ehe erfasst die Ehewohnung und das Ehe Geschäft eines Ehegatten, wenn der andere darin mitarbeitet. Der räumlich-gegenständliche Bereich der Ehe ist ein anerkanntes absolutes Recht im Zusammenhang mit der Ehestörung. Gewährt ein Ehegatte seiner oder seinem Geliebten Zugang zum räumlich-gegenständlichen Bereich der Ehe, hat der andere Ehegatten einen Anspruch auf Unterlassung. Str. ist ob Anspruch auf Schadensersatz besteht, und zwar sowohl gegen den untreuen Ehegatten als auch gegen den Ehestörer.
4 Nennen Sie die Anspruchsgrundlage für einen Unterlassungsanspruch bei einem Eingriff in den räumlich-gegenständlichen Bereich der Ehe?	Es ist der quasinegatorische Anspruch aus § 1004 Abs. 1 BGB analog.
5. Die haushaltsführende Ehefrau wird durch das Verschulden eines Autofahrers getötet. Welchen Anspruch hat der Ehemann gegen den Unfallverursacher?	Anspruch auf Zahlung einer Geldrente für die mutmaßliche Dauer des Lebens der Ehefrau nach §§ 823, 844 Abs. 2 BGB.

6. Abwandlung zu Frage 5: Welche Ansprüche hat der Ehemann, wenn seine Ehefrau verletzt wird?	Keine. Die Ehefrau hat einen Anspruch auf Schadensersatz aus § 823 BGB und aus Gefährdungshaftung (§ 7 StVG). Der Anspruch aus § 823 BGB erfasst auch den Schaden, der darin liegt, dass der Haushalt eine Zeitlang nicht vom haushaltsführenden Ehegatten geführt werden kann.
7. Wodurch können Ehegatten ihre Verpflichtung zum Familienunterhalt nach § 1360 BGB erfüllen?	Durch Arbeit, Vermögen und Haushaltsführung
8. Warum kann ein Ehegatte den Unterhaltsanspruch der gemeinsamen unterhaltsberechtigten Kinder im eigenen Namen gegen den anderen Ehegatten geltend machen?	Weil § 1360 BGB die Ehegatten einander zum Unterhalt verpflichtet und der Umfang der Unterhaltspflicht nach § 1360a Abs. 1 BGB den Unterhalt der Kinder erfasst.
9. Wann ist ein Ehegatte gesetzlich verpflichtet, in Beruf oder Geschäft des anderen Ehegatten mitzuarbeiten?	(1) Die Mitarbeit ist als Beitrag zum Lebensunterhalt nach § 1360 BGB geschuldet: Betrieb ist wesentliche Quelle des Familienunterhalts / keine Sicherung des Familienunterhalts durch den Betrieb ohne die Mitarbeit des anderen / keine andere Erwerbsmöglichkeit des anderen (2) Die Mitarbeit ist aus Rücksicht auf die Belange des anderen Ehegatten und die Familie nach § 1356 Abs. 2 BGB geschuldet. (3) Die Mitarbeit ist als Beitrag zur Verwirklichung der ehelichen Lebensgemeinschaft nach § 1353 BGB geschuldet (nur in Extremsituationen und wenn die eigenen beruflichen Belange nicht vorrangig sind)
10. Wie wird gesetzlich geschuldete Mitarbeit eines Ehegatten in Beruf oder Geschäft des anderen Ehegatten vergütet?	Die Arbeit wird nicht vergütet.
11. Welche zwei Anspruchsgrundlagen hat der BGH zum Ausgleich von Ehegattenmitarbeit, die über den gesetzlich geschuldeten Umfang hinausgeht, entwickelt?	(1) Auseinandersetzung beim Ausscheiden eines Gesellschafters einer stillschweigend abgeschlossenen Ehegatten-Innengesellschaft (§ 738 BGB) (2) Wegfall der Geschäftsgrundlage (§ 313 BGB) eines familienrechtlichen Vertrages eigener Art.

12. Wie unterscheiden sich die beiden in Antwort 11. genannten Anspruchsgrundlagen?

Vorrangig ist der Anspruch aus der Ehegatten-Innengesellschaft zu prüfen. Er setzt voraus, dass sich die Ehegatten in den Dienst einer gemeinsamen Aufgabe gestellt haben, die über die Verwirklichung der ehelichen Lebensgemeinschaft hinausgeht. Ziel muss die Vermögensbildung als solche sein. Jeder Ehegatte muss einen bedeutsamen Beitrag dazu leisten.
Für die Annahme eines familienrechtlichen Vertrages genügt es, dass die Mitarbeit zur Verwirklichung der ehelichen Lebensgemeinschaft erbracht wurde.

13. Welche Namen kommt als Ehename in Betracht?

(1) Geburtsname der Frau
(2) Geburtsname des Mannes
(3) Name, den die Frau oder der Mann zur Zeit der Eheschließung führen

14. Welcher Haftungsmaßstab gilt für Ehegatten bei der Erfüllung ehelicher Verpflichtungen? Nennen Sie zwei Rechtsgrundlagen.

Die Haftung ist auf die Sorgfalt begrenzt, die der Ehegatte in eigenen Angelegenheiten anzuwenden pflegt (§§ 1359, 277 BGB). Die Haftung für grobe Fahrlässigkeit ist danach ausgeschlossen.

15. Auf welchen Bereichen gilt der mildere Haftungsmaßstab nicht?

Dort, wo sich die Ehegatten wie beliebige Dritte rechtsgeschäftlich gegenüberstehen, und bei der gemeinsamen Teilnahme am Straßenverkehr.

16. Unter welchen Voraussetzungen kann ein Ehegatten den anderen ohne interne Absprache gegenüber Gläubigern verpflichten?

Wenn die Voraussetzungen für ein Geschäft zur Deckung des Lebensbedarfs nach § 1357 BGB vorliegen. Also:
(1) wirksame Ehe, kein Getrenntleben
(2) Abschluss eines Geschäftes zur angemessenen Deckung des Lebensbedarfs
(3) aus den Umständen darf sich nichts ergeben, was die Mitberechtigung oder Mitverpflichtung des anderen Ehegatten ausschließt
(4) keine wirksame Beschränkung und kein Ausschluss der Berechtigung des Ehegatten, den anderen mitzuverpflichten

17. Kann ein minderjähriger Ehegatte im Rahmen des § 1357
a) sich selbst
b) seinen Ehegatten
verpflichten?

a) Dies richtet sich nach den allgemeinen Regeln der §§ 106 ff. BGB. Es kommt also auf die Zustimmung des gesetzlichen Vertreters an.
b) Ja, ergibt sich aus § 165 BGB analog.

18. Kann ein Ehegatte seinen minderjährigen Ehepartner über § 1357 BGB mitverpflichten?

Nein, eine gesetzliche Haftungserweiterung wäre mit dem Minderjährigenschutz nicht vereinbar.

19. Ein Ehepaar gibt sich nach außen hin wesentlich reicher, als es seinem wahren finanziellen Möglichkeiten entspricht. Welcher Maßstab gilt hier für den angemessenen Lebensbedarf: Schein oder Sein?	Maßstab ist der nach außen erkennbare soziale Status, also der Schein.
20. Welche Rechtsgeschäfte fallen nicht unter § 1357 BGB?	Rechtsgeschäfte (1) aus der persönlichen Sphäre eines Ehegatten (2) zur Vermögensanlage oder –verwaltung (3) die den persönlichen Lebensstandard überschreiten oder die die Familienverhältnisse grundlegend verändern und deshalb vorheriger Absprache bedürfen
21. Was ist im Rahmen des § 1357 BGB bei Verträgen zu beachten, die dem Verbraucherschutz unterliegen?	Schutzvorschriften wie die Belehrung über das Widerrufsrecht nach § 355 BGB müssen nur gegenüber dem handelnden Ehegatten eingehalten werden (strittig).
22. Ehefrau F informiert sich über Grundlagen des Familienrechts. Sie hält § 1357 BGB für skandalös und erklärt ihrem Ehemann, dass sie diese Vorschrift für ihre Ehe als ungültig betrachtet. Monate später wendet sich ein Gläubiger ihres Mannes an F. Kann sich F auf den Ausschluss berufen?	Die interne Absprache reicht nicht aus, um § 1357 BGB auszuschließen. Nach § 1357 Abs. 2 S. 2 i.V.m. § 1412 BGB ist für die Außenwirkung entweder ein Eintrag im Güterrechtsregister oder der Nachweis, dass der Ausschluss dem anderen bekannt war.
23. Durch welche Vorschrift aus der ZPO wird § 1362 BGB ergänzt? Erläutern Sie, inwieweit die ZPO-Vorschrift § 1362 BGB ergänzt?	Nach § 739 ZPO gilt bei einer Zwangsvollstreckung gegen Ehegatten, bei der zugunsten der Gläubiger die Vermutung des § 1362 BGB eingreift, für die Durchführung der Zwangsvollstreckung nur der Schuldner als Gewahrsamsinhaber und Besitzer. Nach § 808 Abs. 1 ZPO darf der Gerichtsvollzieher nur solche körperlichen Sachen in Besitz nehmen, die sich im Gewahrsam des Schuldners befinden. Die Gewahrsamsfiktion des § 739 ZPO gewährleistet eine verfahrensfehlerfreie Inbesitznahme des Gerichtsvollziehers auch hinsichtlich der Gegenstände, die im Eigentum des anderen Ehegatten stehen.
24. Welche Vorschrift regelt die allgemeine Vermutung für Eigentumsverhältnisse?	§ 1006 BGB

25. Der Gerichtsvollzieher pfändet zur Befriedigung einer Forderung, deren Schuldnerin die Ehefrau ist, einen Wandteppich des Ehemannes. Mit welcher Klage kann der Ehemann gegen die Pfändung vorgehen? Was muss er darlegen?	Mit der Drittwiderspruchsklage, § 771 ZPO. Er muss darlegen, dass ihm an dem Gegenstand der Zwangsvollstreckung ein die Veräußerung hinderndes Recht zusteht.
26. Wie kann die Vermutung des § 1362 Abs. 1 S. 1 BGB widerlegt werden?	Durch Beweis des Gegenteils nach § 292 ZPO. Im Fall des § 1362 BGB durch (1) Darlegung des Erwerbs des Gegenstands im eigenen Namen oder (2) Darlegung des Erwerbs vor der Eheschließung
27. In welchen drei Fällen gilt die Eigentumsvermutung des § 1362 BGB nicht?	(1) Die Ehegatten leben getrennt und die Sache befindet sich bei dem Ehegatten, der nicht Schuldner ist (s. § 1362 Abs. 1 S. 2 BGB) (2) Eine Sache ist ausschließlich dem persönlichen Gebrauch eines Ehegatten bestimmt (§ 1362 Abs. 2 BGB). (3) Im Innenverhältnis der Ehegatten
28. Definieren Sie den Begriff des Getrenntlebens und nennen Sie die Rechtsgrundlage der Definition.	(1) Zwischen den Ehegatten besteht keine häusliche Gemeinschaft (auch innerhalb der Ehewohnung möglich) und (2) der eine Ehegatte will die häusliche Gemeinschaft erkennbar nicht herstellen, weil er die eheliche Gemeinschaft ablehnt. (§ 1567 BGB)
30. Auf welchen Bereichen sind Sondervorschriften oder Abweichungen von den allgemeinen Regeln für das Getrenntleben zu beachten?	(1) § 1353 BGB: Eheliche Lebensgemeinschaft (2) § 1357 BGB: Schlüsselgewalt (3) § 1362 BGB: Eigentumsvermutung (4) § 1361 BGB: Unterhalt (5) § 1361a BGB: Hausratsverteilung (6) § 1361b BGB: Ehewohnung
31. Wann beginnt das Getrenntleben und wann endet es?	Beginn: mit der Trennung Ende: Rechtskraft des Scheidungsurteils, Versöhnung oder längeres Zusammenleben, das die Trennung beendet

5. Kapitel
Eheliches Güterrecht

Das eheliche Güterrecht behandelt die Auswirkungen der Ehe auf das Vermögen der Ehegatten.

Nicht alle Auswirkungen der Ehe auf das Vermögen der Ehegatten sind abhängig vom Güterstand:

Auswirkungen der Ehe auf das Vermögen der Ehegatten

abhängig vom Güterstand

- Haftung für Schulden des Ehepartners
- Verfügungsbeschränkungen
- Ausgleich bei Ende des Güterstandes:
  a) Gibt es einen Ausgleich?
  b) Wenn ja, wie gestaltet er sich?

unabhängig vom Güterstand

1. Wirkungen der Ehe im Allgemeinen nach §§ 1353-1362 BGB, also:
   - Schlüsselgewalt (§ 1357 BGB)
   - Verpflichtung zum Familienunterhalt (§ 1360 ff. BGB)
   - Unterhalt bei Getrenntleben
   - Haftung nur bei grober Fahrlässigkeit nach § 1359 BGB
   - Eigentumsvermutung nach § 1362
   - Hausratsverteilung und Regelung zur Ehewohnung bei Getrenntleben nach §§ 1361 a und b BGB
2. Verpflichtung zum Unterhalt nach Scheidung (s. §§ 1569 ff. BGB)

Das BGB unterscheidet **drei Güterstände**:

Güterstände

- Zugewinngemeinschaft §§ 1363 ff. BGB
- Gütertrennung § 1414 BGB
- Gütergemeinschaft §§ 1415 ff. BGB

Zugewinngemeinschaft (§§ 1363 ff. BGB)

Der gesetzliche Güterstand der Zugewinngemeinschaft gilt, wenn die Ehegatten nichts anderes in einem Ehevertrag vereinbart haben (s. § 1363 Abs. 1 BGB).

Folgende Prinzipien kennzeichnen die Zugewinngemeinschaft:

- Grundsätzlich verwaltet jeder Ehegatte sein Vermögen selbst, s. §§ 1363 Abs. 2, 1364 BGB. Das Vermögen der Ehegatten bleibt auch während der Ehe getrennt.

- Grundsätzlich darf jeder Ehegatte über sein Vermögen frei verfügen. Ausnahmen sind folgende zwei Verfügungsbeschränkungen:
  a) § 1365 BGB bei Verfügungen über Vermögen im Ganzen
  b) § 1369 BGB bei Verfügungen über Haushaltsgegenstände

- Ein Ausgleich des Zugewinns erfolgt, wenn die Zugewinngemeinschaft endet (Tod eines Ehegatten, Scheidung etc.).

Getrennte Vermögensmassen, Entstehung gemeinsamen Eigentums

In der Zugewinngemeinschaft bleiben die Vermögensmassen der Ehegatten grundsätzlich getrennt. Dies bezieht sich sowohl auf das Vermögen, das in die Ehe eingebracht wurde, als auch auf das Vermögen, das während der Ehe erworben wurde, s. § 1363 Abs. 2 BGB. **Durch Gesetz** entstehen also weder gemeinsames Eigentum noch gemeinsame Schulden.

Gemeinschaftliches Eigentum kann nach allgemeinen Grundsätzen **durch Rechtsgeschäft** entstehen.

> ***Bsp.:*** *Kauf von gemeinschaftlich zu nutzenden Einrichtungsgegenständen in der ersten gemeinsamen Wohnung, z.B. Sofa, Couchtisch, Wohnzimmerteppich. – Es entsteht Miteigentum nach Bruchteilen nach §§ 1008, 741 BGB*

Auch **gemeinschaftliche Schulden** können durch Rechtsgeschäft entstehen.

> ***Bsp.:*** *Geschäfte im Rahmen des § 1357 BGB, gemeinsame Aufnahme eines Darlehens*

Verfügungsbeschränkungen in der Zugewinngemeinschaft

Grundsätzlich ist jeder Ehegatte berechtigt, unbehindert vom anderen Ehegatten über sein Vermögen zu verfügen, also zum Beispiel eigene Gegenstände zu verschenken oder zu verkaufen. Ausnahmen sind die Verfügungsbeschränkungen der §§ 1365 und 1369 BGB.

Verfügung über Vermögen im Ganzen, § 1365 BGB

Voraussetzungen

1. Verpflichtung eines Ehegatten, über sein Verfügung im Ganzen zu verfügen, oder Verfügung eines Ehegatten über sein Vermögen im Ganzen
2. ohne Zustimmung des anderen Ehegatten oder ohne Zustimmungsersetzung durch das Familiengericht nach § 1365 Abs. 2 BGB

Rechtsfolgen

1. Unwirksamkeit des Verpflichtungs- und des Verfügungsgeschäftes (= absolutes Verfügungsverbot, gutgläubiger Erwerb nicht möglich!)
2. Geltendmachung der Unwirksamkeit durch Revokationsklage nach § 1368 (durch beide Ehegatten möglich)

§ 1365 BGB verfolgt zwei Ziele:

- Bewahrung der finanziellen Grundlage der Ehe / Familie
- Bewahrung des Zugewinns

  Dabei bleibt die Gegenleistung (z.B. der Kaufpreis für ein Grundstück) außer Betracht. Dem liegt der Gedanke zugrunde, dass ein aus Geld bestehendes Vermögen schneller verschwindet als eines, das aus Sachgütern besteht.

Zu den einzelnen Voraussetzungen des § 1365 BGB:

Zustimmungsbedürftig ist entweder das Verpflichtungs- oder das Verfügungsgeschäft (Abstraktionsprinzip!). Hat der andere Ehegatte dem Verpflichtungsgeschäft zugestimmt, ist eine zusätzliche Zustimmung für das Verfügungsgeschäft nicht erforderlich.

Bsp.: *Marco schließt mit seinem alten Schulfreund Arne einen Kaufvertrag nach § 433 BGB über seinen wertvollen Schallplattenspieler (der sein Vermögen im Ganzen darstellt) ab. Marcos Ehefrau Sybille interessiert sich nicht für Schallplatten, sie ist mit dem Kaufvertrag einverstanden. – Die Übergabe der Musikanlage nach §§ 929 ff. BGB bedarf Sybilles Zustimmung nicht.*

Für die Genehmigung von **Verträgen** gilt § 1366 BGB. Ein Vertrag, der ohne vorherige Zustimmung (Einwilligung) des anderen Ehegatten abgeschlossen wurde, ist zunächst schwebend unwirksam (s. § 1366 Abs. 1 BGB) und wird mit der Verweigerung der Genehmigung endgültig unwirksam (§ 1366 Abs. 4 BGB).

Bsp.: *Variante des Beispiels von oben: Marco schließt den Kaufvertrag ohne Sybilles Zustimmung ab. Von der Übereignung des Plattenspielers berichtet er seiner Frau auch erst im Nachhinein. Sybille ist entsetzt, weil sie befürchtet, Marco würde den Kaufpreis innerhalb kürzester Zeit in Computerspiele investieren. – Marco hat das Verpflichtungsgeschäft ohne Zustimmung seiner Frau abgeschlossen. Das Erfüllungsgeschäft (die Übergabe) war zunächst schwebend unwirksam und wurde mit der Verweigerung der Genehmigung durch Sybille endgültig unwirksam.*

Einseitige Rechtsgeschäfte (z.B. die Aufgabe des Eigentums an einem Grundstück nach § 928 BGB) sind ohne vorherige Zustimmung (Einwilligung) des anderen Ehegatten unwirksam (§ 1367 BGB).

Die Zustimmung des anderen Ehegatten kann nach § 1365 Abs. 2 BGB durch Erklärung des Familiengerichts ersetzt werden.

Verfügung über Vermögen im Ganzen

Einseitiges Rechtsgeschäft

Vertrag

keine vorherige Zustimmung (Einwilligung) des anderen Ehegatten

unwirksam

Verpflichtungs-
geschäft,
z.B. § 433 BGB

Verfügungs-
geschäft,
z.B. § 929 BGB

schwebend unwirksam

schwebend unwirksam, jedoch nur, wenn eine Zustimmung erforderlich ist. Erforderlich ist eine Zustimmung für das Verfügungsgeschäft, wenn keine Zustimmung für das Verpflichtungsgeschäft gegeben wurde.

nachträgliche
Zustimmung
(Gonohmigung)

Verweigerung der
Genehmigung

Rechtsgeschäft ist wirksam

Rechtsgeschäft ist unwirksam

Problematisch ist der Begriff **„Vermögen im Ganzen"**. Nach h.M. ist nicht erforderlich, dass über das gesamte Vermögen als solches verfügt wird, also über sämtliche Vermögenswerte (Gegenstände und Rechte).

⇨ **Ausreichend ist auch die Verfügung über einen Einzelgegenstand, wenn er nahezu das gesamte Vermögen ausmacht.**

Ausgangspunkt für die Frage, ob ein Gegenstand nahezu das gesamte Vermögen ausmacht, sind zwei Positionen:

1. Gesamtvermögen
2. Restvermögen (Dies berechnet sich aus dem Gesamtvermögen abzüglich dem Wert des Gegenstandes, über den verfügt werden soll)

Bei der Frage, wie groß das restliche Vermögen sein muss, unterscheidet der BGH zwischen **kleineren und größeren Vermögen**, zieht jedoch für die Grenzziehung zwischen kleinerem und größerem Vermögen keine klare Wertgrenze: Bei kleineren Vermögen gilt: Verbleibt nach der Verfügung über den Gegenstand noch ein Vermögen von **mindestens 15 % des Gesamtvermögens**, greift § 1365 BGB nicht ein. Bei einem größeren Vermögen greift § 1365 nicht, wenn ein Restvermögen von mindestens 10 % des Gesamtvermögens bleibt.

> ***Bsp.:*** *Ehefrau F ist Eigentümerin eines Grundstücks im Wert von 10.000 Euro. Ihr Gesamtvermögen beträgt 15.000 Euro. F überlegt, ob sie das Grundstück ohne Zustimmung ihres Ehemannes verkaufen kann. – Das Grundstück macht 2/3 des Gesamtvermögens aus. F bleiben noch 5.000 Euro, also 1/3 ihres Gesamtvermögens, dies entspricht 33,33%. Eine Verfügung über das Grundstück wäre kein Fall des § 1365 BGB. Die Zustimmung ihres Ehemanns ist nicht erforderlich.*

Nach h.M. **muss der Geschäftspartner** (nicht der verfügende Ehegatte) **wissen**, dass es sich bei dem Gegenstand um das Vermögen im Ganzen handelt. Es genügt, wenn er die Umstände kennt, aus denen sich dies ergibt.

Maßgeblich für die Kenntnis des Erwerbers ist der **Zeitpunkt des Verpflichtungsgeschäfts** (h.M.).

Rechtsfolgen des § 1365 BGB:

Zu 1.: Unwirksamkeit des Verpflichtungs- und des Verfügungsgeschäftes

Hat der andere Ehegatten die Genehmigung des Verpflichtungs- und des Verfügungsgeschäftes verweigert, sind beide Rechtsgeschäfte unwirksam.

§ 1365 ist ein absolutes Veräußerungsverbot. **Ein gutgläubiger Erwerb** wie bei relativen Veräußerungsverboten (s. § 135 Abs. 2 BGB) **ist ausgeschlossen!** Der gute Glaube des Geschäftspartners daran, dass der verfügende Ehegatte nicht verheiratet ist oder dass die Zustimmung des anderen Ehegatten vorliegt, wird nicht geschützt.

Zu 2.: Revokationsklage nach § 1368 BGB

Verfügt ein Ehegatte ohne die erforderliche Zustimmung des anderen Ehegatten über sein Vermögen, kann nach § 1368 BGB auch der andere Ehegatte die Rechte gerichtlich geltend machen, die sich aus der Unwirksamkeit der Verfügung gegen den Dritten ergeben. Diese Möglichkeit der Revokationsklage gewährleistet das Vorgehen gegen den Dritten und damit den Bestand des Familienvermögens und des Zugewinns.

Die Revokationsklage ermöglicht nur ein Vorgehen gegen das Verfügungsgeschäft, nicht schon gegen das Verpflichtungsgeschäft. Ansprüche können sich aus § 985 BGB (Herausgabe bei Verfügung über bewegliche Gegenstände) oder aus § 894 BGB (Grundbuchberichtigung) herleiten.

Geht nicht der verfügende, sondern der andere Ehegatte nach § 1368 BGB gegen den Geschäftsgegner vor, kann er **Herausgabe auch an sich selbst** verlangen.

Auch § 1369 BGB enthält ein absolutes Verbot für Verpflichtungs- und Verfügungsgeschäfte. § 1369 BGB ist ähnlich ausgestaltet wie § 1365 BGB.

§ 1369 Verfügungen über Haushaltsgegenstände

Voraussetzungen

1 Verpflichtung eines Ehegatten zur Verfügung über einen ihm gehörenden Haushaltsgegenstand oder Verfügung über einen ihm gehörenden Haushaltsgegenstand
2. ohne Einwilligung des anderen Ehegatten oder ohne Zustimmungsersetzung durch das Familiengericht nach § 1369 Abs. 2 BGB

Rechtsfolgen

1. Unwirksamkeit des Verpflichtungs- und des Verfügungsgeschäftes (= absolutes Verfügungsverbot, gutgläubiger Erwerb nicht möglich!)
2. Geltendmachung der Unwirksamkeit durch Revokationsklage nach § 1368 (durch beide Ehegatten möglich)

Der Sinn des § 1369 BGB entspricht dem des § 1365 BGB:

- Bewahrung der wirtschaftlichen Grundlage der Ehe bzw. Familie
- Sicherung des Zugewinns

Wie bei § 1365 BGB gilt auch bei § 1369 BGB: Hat der andere Ehegatte dem Verpflichtungsgeschäft zugestimmt, ist eine zusätzliche Zustimmung für das Verfügungsgeschäft nicht erforderlich. (Dies entspricht nicht dem Wortlaut des § 1369 BGB, ist jedoch h.M.!)

Der **Begriff des Haushaltsgegenstands** erfasst die beweglichen Sachen, die dem gemeinsamen Privatleben der Eheleute dienen.

Bsp.: *Kühlschrank, Waschmaschine, Toaster, Fernsehapparat, Couchtisch, Ehebett*

Nicht erfasst werden Gegenstände, die dem beruflichen oder persönlichen Gebrauch nur eines Ehegatten dienen.

Bsp.: *Schreibtischlampe im Arbeitszimmer der Ehefrau, nur beruflich genutztes Notebook des Ehemannes*

Im Unterschied zu § 1365 BGB ist es bei § 1369 BGB **nicht erforderlich, dass der Geschäftspartner weiß, dass es sich bei dem Gegenstand um einen Haushaltsgegenstand handelt.**

§ 1369 BGB bezieht sich nach seinem Wortlaut nur auf Haushaltsgegenstände, die dem Ehegatten, der das Rechtsgeschäft vornimmt, gehören.

Problem: Gilt § 1369 BGB auch für Haushaltsgegenstände, die im Miteigentum beider Ehegatten oder im Alleineigentum des anderen Ehegatten stehen?

Die h.M. bejaht eine analoge Anwendung im Hinblick auf den Schutzzweck der Norm.

Allerdings scheitert der Erwerb eines Gegenstandes, der im **Mitbesitz (!)** des anderen Ehegatten steht, in vielen Fällen schon daran, dass der handelnde Ehepartner **als Nichtberechtigter über einen abhanden gekommenen Gegenstand verfügt (§§ 932, 935 BGB).**

Problem: Gilt das Zustimmungserfordernis des § 1369 BGB auch bei Getrenntleben (s. § 1567 BGB)?

Ja, der Schutzzweck der Norm gebietet es, besonders in Krisenzeiten die wirtschaftliche Grundlage der Familie zu bewahren.

Ohne die Verfügungsbeschränkung des § 1369 BGB könnte ein Ehegatte, dem nach § 1361 a Abs. 1 S. 2 BGB für die Zeit des Getrenntlebens die Nutzung eines Haushaltsgegenstandes des anderen Ehegatten überlassen wurde, über das Eigentum des anderen frei verfügen.

Eine freie Verfügung über Hausrat während des Getrenntlebens kommt in Betracht:

- wenn sich die Ehegatten endgültig und nicht nur vorübergehend über die Verteilung des Hausrats geeinigt haben (§ 1361 a BGB ist eine vorläufige Regelung, die endgültige Regelung erfolgt bei der Scheidung nach § 1568b BGB. Die Ehegatten können jedoch bereits während des Getrenntlebens eine endgültige vertragliche Vereinbarung über den Hausrat treffen)
- hinsichtlich von Gegenständen, die ein Ehegatte nach Beginn des Getrenntlebens erworben hat.

Die Rechtsfolgen des § 1369 BGB entsprechen denen des § 1365 BGB.

§ 1369 BGB schließt den gutgläubigen Erwerb eines Haushaltsgegenstandes aus.

Fall 4: Die portugiesische Espressomaschine

Udo ist mit Silke verheiratet, hat aber vor einer Woche Hals über Kopf die eheliche Wohnung verlassen und ist zu seiner neuen Freundin Sab gezogen. Silke hat ihre Freundin Doro zum Abendessen eingeladen. Doro ist völlig begeistert von einer portugiesischen Espressomaschine, die – was Doro nicht weiß – Silkes Ehemann Udo gehört. Spontan schenkt Silke ihrer Freundin die Espressomaschine, aus der sie sich nicht viel macht. Doro nimmt die Espressomaschine gleich mit. Als Udo davon erfährt, ist er empört und verlangt die Espressomaschine von Doro zurück. Zu Recht?

Lösungsvorschlag

Der Anspruch auf Herausgabe könnte sich aus § 985 BGB ergeben. Doro ist Besitzerin der Espressomaschine. Fraglich ist, ob Udo noch der Eigentümer ist.

Udo könnte sein Eigentum an der Espressomaschine verloren haben, indem Silke das Eigentum an der Maschine an Doro nach § 929 S. 1 BGB übertragen hat.

a) Nach § 929 S. 1 BGB sind zur Übertragung des Eigentums Einigung und Übergabe vom Eigentümer erforderlich. Eine Einigung liegt vor. An einer Übergabe vom Eigentümer fehlt es, weil Silke nicht Eigentümerin der Espressomaschine war. Ein Eigentumsübergang nach § 929 S. 1 BGB scheidet damit aus.

b) Es kommt ein gutgläubiger Erwerb nach § 932 BGB in Betracht. Silke hat als Nichtberechtigte über das Eigentum ihres Ehemannes verfügt. Ein Eigentumserwerb nach § 932 BGB ist ausgeschlossen, wenn der Erwerber nicht in gutem Glauben ist, wenn er also weiß, dass der Veräußerer nicht der Eigentümer ist (s. § 932 Abs. 2 BGB). Doro wusste nicht, dass die Espressomaschine nicht Silke, sondern deren Ehemann Udo gehört. Doro war also gutgläubig. Die Voraussetzungen für einen Eigentumserwerb nach § 932 BGB liegen vor.

c) Der Eigentumserwerb nach § 932 BGB könnte jedoch nach § 935 BGB ausgeschlossen sein. Dann müsste die Espressomaschine dem Eigentümer, also Udo, abhanden gekommen sein. Abhandenkommen ist der Verlust des unmittelbaren Besitzes ohne Willen des Eigentümers oder seines Besitzmittlers. Udo hatte keinen unmittelbaren Besitz an der Espressomaschine, weil er aus der Ehewohnung gezogen war. Ein Besitzverlust von Udo scheidet damit aus. Ob Silke Besitzmittlerin (s. § 868 BGB) war, kann dahingestellt bleiben, weil sie den Besitz an der Espressomaschine bewusst und nicht ohne ihren Willen verloren hat. Damit ist der gutgläubige Eigentumserwerb nicht nach § 935 BGB ausgeschlossen.

d) Der Eigentumserwerb könnte ausgeschlossen sein, weil die Einigungserklärung, die Silke für die Übertragung nach § 929 S. 1 BGB abgegeben hat, unwirksam war.

aa) Die Unwirksamkeit der Erklärung könnte sich daraus ergeben, dass Silke entgegen § 1369 BGB ohne Zustimmung über einen Haushaltsgegenstand verfügt hat.

Nach § 1369 Abs. 1 BGB müsste die Verfügung einen Gegenstand betreffen, der dem verfügenden Ehegatten gehört. Die Espressomaschine stand jedoch im Eigentum von Silkes Ehemann Udo. Silke hat also nicht über einen ihr gehörenden Gegenstand verfügt. Eine direkte Anwendung des § 1369 BGB scheidet aus.

bb) Die Unwirksamkeit der Einigungserklärung könnte sich aus § 1369 BGB analog ergeben.

Zunächst müsste § 1369 BGB analog auf den Fall anwendbar sein, dass ein Ehegatte über einen dem anderen Ehegatten gehörenden Gegenstand verfügt. Dies ist im Hinblick auf den Schutzzweck des § 1369 BGB, der Sicherung der Lebensgrundlage der Ehe bzw. Familie, zu bejahen. Verfügt ein Ehegatte über einen Haushaltsgegenstand, der dem anderen Ehegatten gehört, ist der andere mindestens so schützenswert wie in einem Fall der Verfügung über einen eigenen Haushaltsgegenstand. Auch die Interessenlage gebietet also eine Analogie.

Das Zustimmungserfordernis des § 1369 BGB könnte ausgeschlossen sein, weil die Ehegatten getrennt leben. Udo hat die eheliche Wohnung verlassen und ist zu seiner Freundin gezogen. Damit besteht zwischen den Ehegatten keine häusliche Gemeinschaft und Udo will diese Gemeinschaft erkennbar auch nicht wiederherstellen. Die Ehegatten leben also getrennt (s. § 1567 BGB).

Der Schutzzweck des § 1369 BGB erfordert auch eine Geltung bei Getrenntleben. Andernfalls wäre der Ehegatte, dem nach § 1361 a BGB Haushaltsgegenstände für die Zeit der Trennung überlassen wurden, ungeschützt gegen einen Verlust seines Eigentums. Eine endgültige Verteilung des Hausrats bereits während der Trennungszeit ist nicht ersichtlich, zumal Udo die Ehewohnung überstürzt verlassen hat.

Silke hat ohne Einwilligung von Udo über dessen Eigentum an der Espressomaschine verfügt. Seine Genehmigung hat Udo verweigert. Damit ist die Einigungserklärung, die Silke im Rahmen von § 929 S. 1 BGB abgegeben hat, unwirksam (vgl. § 1369 Abs. 3 i.V.m. § 1366 Abs. 4 BGB). Der Eigentumserwerb ist deshalb nach § 1369 BGB analog ausgeschlossen. Udo hat sein Eigentum an der Espressomaschine nicht verloren.

Ergebnis: Udo kann die Espressomaschine von Silke herausverlangen.

§§§§§§

Zugewinnausgleich

Der Ausgleich des Zugewinns erfolgt bei Beendigung des Güterstandes. Das Gesetz unterscheidet für zwei Arten von Beendigungsgründen unterschiedliche Methoden des Zugewinnausgleichs:

Beendigung des Güterstandes durch

Tod eines Ehegatten	andere Fälle: ■ Ehescheidung ■ Aufhebung der Ehe[8] ■ Ehevertrag[9]
↓	↓
Zugewinnausgleich nach § 1371 BGB	Zugewinnausgleich nach §§ 1372 ff. BGB
↓	↓
erbrechtliche Lösung	güterrechtliche Lösung

[8] Einschränkungen s. § 1318 Abs. 3 BGB

[9] Zum Beispiel Übergang zur Gütertrennung durch Ehevertrag während der Ehe

Für die güterrechtliche Lösung gilt:

Zugewinn ist der Betrag, um den das Endvermögen eines Ehegatten das Anfangsvermögen übersteigt (s. § 1373 BGB).

> ***Bsp.**: Das Anfangsvermögen der Ehefrau beträgt 2.000 Euro, das Endvermögen 25.000 Euro. – Der Zugewinn beläuft sich auf 23.000 Euro.*

Zu den Begriffen Anfangsvermögen und Endvermögen s. §§ 1374, 1375 BGB.

Die Ehegatten können das Anfangsvermögen nach § 1377 Abs. 1 BGB in einem Vermögensverzeichnis feststellen. Tun sie dies nicht, wird als Anfangsvermögen Null angenommen und das Endvermögen stellt den Zugewinn dar (s. § 1377 Abs. 3 BGB).

Nicht alle Vermögenswerte, die ein Ehegatte nach Eintritt des Güterstandes der Zugewinngemeinschaft erwirbt, ist auf sein wirtschaftliches Tätigsein rückführbar, zum Beispiel eine Erbschaft. Solche Positionen werden nach § 1374 Abs. 2 BGB dem Anfangsvermögen zugerechnet. Sie fließen also nicht in die Berechnung des Zugewinns mit ein.

> ***Bsp.**: Jeanette und Marc heiraten ohne Ehevertrag. Jeanette hat ein Anfangsvermögen von 1.000 Euro. Ein halbes Jahr nach der Eheschließung erbt sie von ihrer Tante 100.000 Euro. Die Erbschaft wird dem Anfangsvermögen hinzugerechnet, sie erhöht Jeanettes Zugewinn nicht.*

Maßgeblicher Zeitpunkt für die **Berechnung des Endvermögens** ist die Beendigung des Güterstandes (s. § 1375 Abs. 1 S. 1 BGB). In dem Fall, dass die Scheidung den Güterstand der Zugewinngemeinschaft beendet, nicht die Rechtskraft der Scheidung, sondern der Zeitpunkt der Rechtshängigkeit des Scheidungsantrags, s. § 1384 BGB.

Seit 1.9.2009 können das **Anfangs- und das Endvermögen auch negativ** sein, vgl. §§ 1374 Abs. 3, 1375 Abs. 1 S. 2 BGB ("Verbindlichkeiten sind über die Höhe des Vermögens hinaus abzuziehen.")

> **Bsp.:** *Anfangsvermögen: minus 5.000 Euro; Endvermögen: minus 9.000 Euro.*

Der Zugewinn kann jedoch nicht negativ sein.

> **Bsp.1:** *Anfangsvermögen: minus 5.000 Euro, Endvermögen: minus 9.000 Euro.* - Zugewinn: Null.
>
> ***Bsp.2:*** Anfangsvermögen: *200.000 Euro, Endvermögen 190.000 Euro. – Zugewinn Null.*

Für die **Berechnung des Zugewinnausgleichs** vergleicht man den Zugewinn der beiden Ehegatten. Hat ein Ehegatte einen höheren Zugewinn erzielt als der andere, steht die Hälfte des Überschusses dem anderen Ehegatten als Ausgleichsforderung zu (s. § 1378 Abs. 1 BGB).

> ***Bsp.:*** *Der Ehemann hat bei der Eheschließung Schulden in Höhe von 5.000 Euro, bei Rechtshängigkeit des Scheidungsantrags hat er ein Vermögen von 3.000 Euro. Die Ehefrau hat ein Anfangsvermögen von 10.000 Euro und ein Endvermögen von 7.000 Euro. - Der Zugewinn des Ehemanns beträgt 8.000 Euro, der Zugewinn der Ehefrau ist Null. Damit hat die Ehefrau gegen den Ehemann einen Anspruch auf Zugewinnausgleich in Höhe von 4.000 Euro aus § 1378 Abs. 1 BGB.*

Anspruchsgrundlage für den Zugewinnausgleich ist §§ 1378 Abs. 1, Abs. 3 1. HS, § 1372 BGB.

Besonders **großzügige Geschenke**, die den Wert der üblichen Geschenke übersteigen, werden im Zweifel auf die Ausgleichsforderung angerechnet, s. § 1380 Abs. 1 S. 2 BGB.

> ***Bsp.:*** *Die Ehefrau schenkt ihrem Mann zum 10. Hochzeitstag ein Klavier im Wert von 10.000 Euro. Das Ehepaar lebt normalerweise in bescheidenen Verhältnissen, die Geschenke haben nie einen höheren Wert als 150 Euro. Die Eheleute beschließen nach dem 10. Hochzeitstag, einen Ehevertrag aufzusetzen und Gütertrennung zu vereinbaren. Der Mann hat ohne Berücksichtigung seines Vermögenszuwachses durch das Klavier einen Ausgleichsanspruch gegen die Frau in Höhe von 30.000 Euro. - Auf diesen Anspruch wird der Wert des Klaviers angerechnet. Es bleibt ein Ausgleichsanspruch von 20.000 Euro.*

Die Ausgleichsforderung des Zugewinnausgleichs ist nicht höchstpersönlicher Natur, sondern sie ist **vererblich und übertragbar**, allerdings erst ab dem Zeitpunkt ihres Entstehens, s. § 1378 Abs. 3 BGB.

Folgende Vorschriften **schützen den Ausgleichsanspruch** des Ehegatten, der einen Zugewinnausgleich fordern kann:

- Verfügungsbeschränkungen der §§ 1365 und 1369 BGB
- Berechnungszeitpunkt für das Endvermögen richtet sich im Fall, dass eine Scheidung den Güterstand beendet, nach § 1384 BGB (Rechtshängigkeit des Scheidungsantrags).
- Möglichkeit einer Klage auf vorzeitigen Zugewinnausgleich nach §§ 1385 ff. BGB

- Hinzurechnung verschwendeten Vermögens auf das Endvermögen nach § 1375 Abs. 2 BGB

  Bsp.: *Der Ehemann ist spielsüchtig und hat in den Monaten, bevor die Ehefrau den Scheidungsantrag gestellt hat, ein Vermögen in Höhe von 30.000 Euro im Spielkasino verspielt. – Die 30.000 Euro werden dem Endvermögen des Ehemannes hinzugerechnet.*

- Ansprüche des Ausgleichsberechtigten gegen Dritte, denen der andere Ehegatte unentgeltliche Zuwendungen gemacht hat, um ihn zu benachteiligen.

  Bsp.: *Der Ehemann, ein Aktzeichner, hat kurz bevor die Ehefrau den angekündigten Scheidungsantrag gestellt hat, einem seiner Modelle Wäsche im Wert von 2.000 Euro geschenkt, um seine Ehefrau zu ärgern.*

Ausgleichsansprüche neben dem Zugewinnausgleich

Die Zugewinngemeinschaft ist auf eine Rollenverteilung zugeschnitten, bei der ein Ehepartner ein wesentlich höheres Einkommen hat als der andere und bei der der Ehegatte mit dem niedrigeren Einkommen hauptsächlich den Haushalt führt und gegebenenfalls Kinder betreut. Durch den Zugewinnausgleich erhält der Ehegatte, der seinen Beitrag zum Unterhalt vor allem durch Führung des Haushaltes erbracht hat (s. § 1361 BGB), einen wirtschaftlichen Ausgleich.

> Grundsätzlich verdrängt der Zugewinnausgleich andere Anspruchsgrundlagen zum Ausgleich von Leistungen unter Ehegatten.

Mit den Leistungen unter Ehegatten, die durch den Zugewinnausgleich abgegolten sind, ist z.B. die **Mitarbeit eines Ehegatten in Beruf oder Geschäft** des anderen gemeint (s. ausführlich in Kapitel 4).

Ausnahmsweise gibt es in folgenden Fällen Ausgleichsansprüche neben dem Zugewinnausgleich:

- Die Ehegatten haben in Wahrnehmung der Vertragsfreiheit miteinander Verträge abgeschlossen, z.B. einen Arbeits- oder Gesellschaftsvertrag. Die Abwicklung dieser Verträge folgt nach allgemeinen Regeln.

- Die Ehegatten sind Gesamtgläubiger (z.B. eines gemeinsamen Girokontos, für das beide Ehegatten allein verfügungsberechtigt sind) oder Gesamtschuldner (z.B. eines Darlehens). Auch hier folgt die Abwicklung nach allgemeinen Regeln.

- Hat ein Ehegatte dem anderen einen besonderen Gegenstand geschenkt, kann bei einer Ehescheidung das Bedürfnis entstehen, die Schenkung zu widerrufen (s. § 530 BGB) und den Gegenstand herauszuverlangen. Anspruchsgrundlage für den Herausgabeanspruch ist in diesem Fall § 531 Abs. 2 i.V.m. § 818 BGB. [10]

  Bsp.: *Sophie hat ihrem Ehemann Claudius zum 15. Hochzeitstag ein Gartenhaus geschenkt, weil Claudius plötzlich gern in seiner Freizeit malt. Ein halbes Jahr später erfährt sie, dass sich Claudius regelmäßig im Gartenhaus mit Prostituierten trifft. Sophie reicht unverzüglich Scheidungsantrag ein und verlangt das Gartenhaus zurück.*

Eine Schenkung kann nach § 530 Abs. 1 BGB widerrufen werden, wenn sich der Beschenkte durch eine schwere Verfehlung gegen den Schenker oder einen nahen Angehörigen groben Undankes schuldig macht. Ein Ehebruch stellt nach der Rechtsprechung grundsätzlich eine schwere Verfehlung dar.

Nicht jede Zuwendung unter Ehegatten wird jedoch als Schenkung qualifiziert, auch wenn die Zuwendung ohne Gegenleistung erfolgt. Die Schenkung unter Eheleuten ist abzugrenzen von der **ehebedingten oder „unbenannten Zuwendung“**.

- Die Rechtsprechung hat die Rechtsfigur der ehebedingten oder **unbenannten Zuwendung** entwickelt, um einen fairen Ausgleich zwischen den Ehegatten zu gewährleisten. Bei der unbenannten Zuwendung handelt es sich um einen **familienrechtlichen Vertrag eigener Art**.

Kennzeichen der unbenannten Zuwendung ist, dass sie um der Ehe willen und als Beitrag zur Verwirklichung und Ausgestaltung der ehelichen Lebensgemeinschaft erbracht wird. Die unbenannte Zuwendung gründet in der Vorstellung (**Geschäftsgrundlage**), dass die eheliche Lebensgemeinschaft Bestand hat. Ist dies nicht der Fall, ist ein Ausgleich aus **Wegfall der Geschäftsgrundlage** (§ 313 BGB) eines familienrechtlichen Vertrages möglich.

---

[10] § 531 Abs. 2 BGB enthält eine Rechtsfolgeverweisung auf das Bereicherungsrecht

Für die **Abgrenzung** der unbenannten Zuwendung von der Schenkung gilt:

Bestand beim Zuwendenden die Vorstellung oder Erwartung, dass er innerhalb der Ehe an dem Vermögenswert und dessen Früchten weiter teilhaben werde? Dies spricht für eine unbenannte Zuwendung.

Ein Indiz für eine Schenkung ist dagegen der Wille, die Zuwendung auch nach einer eventuellen Scheidung im Vermögen des anderen zu belassen.

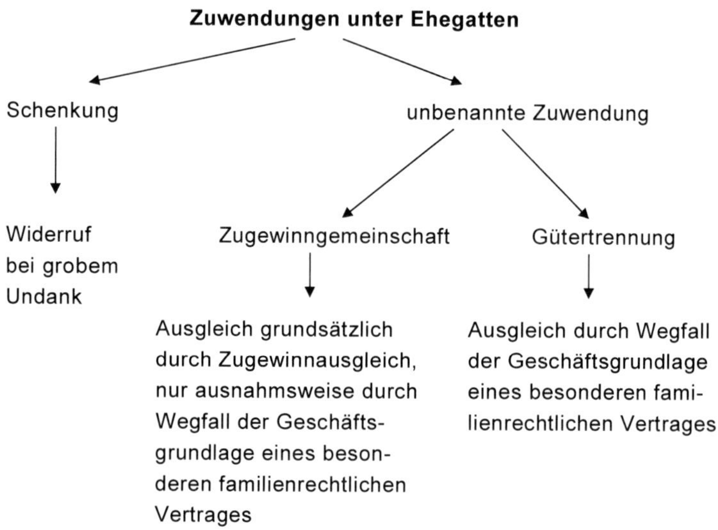

Unbenannte Zuwendungen betreffen nicht nur Zuwendungen von **beweglichen oder unbeweglichen Sachen**.

Typisches Bsp.: *Übertragung eines Miteigentumsanteils an einem Grundstück, vor allem wenn das Grundstück zur Errichtung eines Familienheims genutzt werden soll.*

Unbenannten Zuwendungen können **auch in Form von Arbeitsleistungen** erbracht werden.

Bsp.: *Mitarbeit in Beruf oder Geschäft des anderen Ehegatten; Errichtung eines Eigenheims, das einem Ehegatten gehört, für das der andere Ehegatte jedoch erhebliche Leistungen erbracht hat.*

Bedeutung erlangt die Rechtsfigur der unbenannten Zuwendung vor allem im Güterstand der **Gütertrennung!**

In der **Zugewinngemeinschaft** ist der Zugewinnausgleich der vorrangige Ausgleichsmechanismus. Die **Rückübertragung beweglicher oder unbeweglicher Sachen** kommt aber auch im Rahmen der Zugewinngemeinschaft aus Wegfall der Geschäftsgrundlage (§ 313 Abs. 1 und 3 i.V.m. § 346 BGB) in Betracht, allerdings **nur, wenn der Zugewinnausgleich keine tragbare Lösung für den Ausgleich ist.**

Dies ist in zwei Fallgruppen der Fall:

1. Dem Ehegatten, der dem anderen einen Gegenstand zukommen ließ, kommt es auf die Rückgabe gerade des Gegenstandes an und der Ausgleichsanspruch in Geld, den der Zugewinnausgleich bietet, wäre deshalb unbillig.

2. Der Gegenstand wirkte sich nicht auf den Zugewinn des Ehegatten aus, weil sein Wert Schulden ausgleicht oder nur zum Erhalt des Anfangsvermögens dient.

Beachten Sie in diesem Zusammenhang auch nochmals die Ausführungen zum Ausgleich für Mitarbeit in Beruf oder Geschäft des Ehegatten aus familienrechtlichem Vertrag oder Ehegatten-Innengesellschaft aus dem 4. Kapitel!

Fall 5: Sologeige im Dreieck

Ansgar und Susanne sind im gesetzlichen Güterstand verheiratet und arbeiten als Sologeiger bzw. Sologeigerin. Ansgar arbeitet mit verschiedenen Orchestern auf dem Bereich klassischer Musik, Susanne tritt mit ihrer Jazzband in Clubs auf. Für Ansgar steht ein wichtiges Event-Konzert in einer akustisch interessanten Grotte mit einem renommierten Orchester bevor. Dieses Konzert könnte weiteren lukrativen Aufträgen für Ansgar zur Folge haben. Aus diesem Anlass schenkt Susanne, die vor einiger Zeit eine Erbschaft angetreten hat, ihrem Mann eine besonders klangvolle Geige, die die beiden Eheleute sorgfältig ausgewählt haben. Susanne hätte die Geige selbst gern gehabt, verzichtet jedoch zu Gunsten ihres Mannes darauf, weil dieser wesentlich mehr Geld verdient als sie. Das Konzert wird ein großer Erfolg und Ansgar kann weitere Aufträge verbuchen. Drei Monate nach dem Konzert erfährt Susanne, dass Ansgar bereits seit einem Jahr ein leidenschaftliches Liebesverhältnis mit einer Geigerin aus dem Orchester hat und dass er dieser schon mehrmals die von Susanne erhaltene Geige zum Spiel überlassen hat. Susanne ist erschüttert, sie verlässt die Ehewohnung und zieht ins Haus ihrer Eltern. Außerdem reicht sie Scheidungsantrag ein. Auf jeden Fall möchte sie künftig die Geige, die sie Ansgar geschenkt hat, selbst spielen. Hat Susanne einen Anspruch auf die Geige?

Lösungsvorschlag

1. Susanne könnte gegen Ansgar einen Anspruch auf Herausgebe der Geige aus Widerruf einer Schenkung, §§ 530 Abs. 1, 531 Abs. 2, 812 ff. BGB, haben.

Dann müsste es sich bei der Zuwendung der Geige um eine Schenkung gehandelt haben. Bei der Übergabe der Geige waren sich die Eheleute zwar über die Unentgeltlichkeit einig. Da es sich jedoch um eine Zuwendung unter Ehegatten handelt, ist zu prüfen, ob eine unbenannte (ehebezogene) Zuwendung vorliegt.

Eine unbenannte Zuwendung liegt vor, wenn ein Beitrag um der Ehe willen und zur Verwirklichung und Ausgestaltung der ehelichen Lebensgemeinschaft erbracht wird. Der Zuwendende muss die Erwartung gehabt haben, dass er innerhalb der Ehe am Vermögenswert und seinen Früchten teilhaben werde.

Für eine Schenkung könnte sprechen, dass Susanne eine Erbschaft angetreten hat und ihrem Mann vielleicht einfach nur eine Freude machen möchte, indem sie ihm durch die Zuwendung der Geige an der Erbschaft teilhaben lässt.

Für eine unbenannte Zuwendung spricht, dass es sich bei der Geige um ein wesentliches Arbeitsinstrument von Ansgar handelt, mit deren Hilfe Ansgar zum Unterhalt der Eheleute beiträgt, und zwar zu einem höheren Anteil als Susanne. Susanne übereignete ihrem Mann die wertvolle Geige mit der Erwartung, dass er auch künftig durch sein Geigenspiel zum Lebensunterhalt der Eheleute beitragen werde.

Damit handelt es sich um eine unbenannte Zuwendung und nicht um eine Schenkung.

Ein Herausgabeanspruch aus Schenkungswiderruf scheidet damit aus.

2. Der Anspruch auf Herausgabe der Geige könnte sich aus § 812 Abs. 1 S. 2 2. Alt. BGB ergeben.

Dann müsste der mit einer Leistung nach dem Inhalte des Rechtsgeschäfts bezweckte Erfolg nicht eingetreten sein. Susanne hat mit der Zuwendung der Geige den Zweck verfolgt, Ansgar zu einem erfolgreichen Konzert und zu weiteren lukrativen Aufträgen zu verhelfen und damit seinen Beitrag zum Lebensunterhalt der Eheleute zu sichern. Dieser Zweck wurde erreicht. Sollte Susanne darüber hinaus den Zweck verfolgt haben, den Bestand der Ehe zu sichern, so ist dies ein einseitiges Motiv. Zum Inhalt eines Rechtsgeschäfts wird ein Zweck jedoch nur, wenn zwischen dem Leistenden und dem Empfänger eine tatsächliche Willenseinigung über den verfolgten Zweck vorliegt.

Ein Anspruch auf Herausgabe der Geige aus § 812 Abs. 1 S. 2 2. Alt. BGB scheidet damit aus.

3. Ein Anspruch auf Rückübertragung der Geige könnte sich aus § 313 Abs. 1 und 3 S. 1 i.V.m. § 346 BGB ergeben, also daraus, dass mit der Trennung die Geschäftsgrundlage eines familienrechtlichen Vertrages entfallen ist.

a) Fraglich ist, ob der Wegfall der Geschäftsgrundlage überhaupt anwendbar ist. Unbenannte Zuwendungen können bei einem Scheitern der Ehe zu Ausgleichsansprüchen führen. Leben die Ehegatten jedoch im gesetzlichen Güterstand der Zugewinngemeinschaft, ist der Zugewinnausgleich der vorrangige Ausgleichsmechanismus. Ein Ausgleich durch einen Wegfall der Geschäftsgrundlage kommt in der Zugewinngemeinschaft nur in Betracht, wenn der Zugewinnausgleich zu keinem tragbaren Ergebnis führen würde. Dies ist dann der Fall, wenn sich die unbenannte Zuwendung nicht auf den Zugewinn des Ehegatten auswirkt oder wenn es dem zuwendenden Ehegatten gerade auf Rückübertragung des zugewandten Gegenstandes ankommt und ein Ausgleich in Geld unbillig wäre.

Susanne kommt es gerade auf die Rückübertragung der Geige an. Für eine professionelle Geigerin ist der Klang einer Geige individuell und nicht ersetzbar. Susanne hat zugunsten ihres Mannes auf eine Geige verzichtet, die sie selbst gern gespielt hätte, und dies zu einem Zeitpunkt, in dem ihr Mann sich bereits von ihr abgewandt und einer anderen Frau zugewandt hatte. Ein Ausgleichsanspruch durch den Zugewinnausgleich wäre in diesem Fall ausnahmsweise unbillig. Ein etwaiger Rückübertragungsanspruch aus Wegfall der Geschäftsgrundlage ist deshalb nicht durch den Zugewinnausgleich ausgeschlossen.

b) Zu prüfen ist, ob ein Wegfall der Geschäftsgrundlage eines familienrechtlichen Vertrages gegeben ist.

Ein familienrechtlicher Vertrag liegt in Form einer unbenannten Zuwendung vor (siehe oben bei 1.). Die Geschäftsgrundlage der unbenannten Zuwendung liegt darin, dass die Ehe Bestand hat. Ansgars Ehebruch durch die Liebesbeziehung zur Geigerin hat die Geschäftsgrundlage gestört. Hätte Susanne diese Veränderung vorausgesehen, hätte sie ihrem Mann die Geige nicht zugewendet. Auch Ansgar hätte die Geige redlicherweise nicht annehmen dürfen, zumal sein Liebesverhältnis mit der Geigerin bereits im Zeitpunkt der Zuwendung bestand. Susanne ist ein Festhalten am Vertrag unzumutbar.

Da eine Anpassung des Vertrages nicht zumutbar ist, kann Susanne als benachteiligter Teil vom Vertrag zurücktreten (s. § 313 Abs. 3 BGB). Dafür muss Susanne Ansgar gegenüber ihren Rücktritt erklären. Nach § 346 Abs. 1 BGB besteht im Fall eines Rücktritts ein Anspruch auf Rückgewähr der Leistung.

Ergebnis: Ansgar muss die Geige an Susanne herausgeben.

§§§§§§

Ehevertrag

In einem **Ehevertrag** können die Ehegatten nicht nur Gütertrennung oder Gütergemeinschaft vereinbaren. Sie können auch einzelne Wirkungen der Zugewinngemeinschaft modifizieren und weitere Regelungen treffen, z.B. zum nachehelichen Unterhaltsanspruch:

- Einschränkung oder Ausschluss der Verfügungsbeschränkungen nach §§ 1365 und 1369 BGB
- Ausschluss des Zugewinnausgleichs
- Beschränkung des Zugewinnausgleichs auf eine bestimmte Summe oder Vereinbarung einer anderen Quote als 50 % (s. § 1378 Abs. 1 BGB)
- Vereinbarung des Zugewinnausgleichs nur für den Fall des Todes eines Ehegatten (nicht auch bei Scheidung)
- Ausschluss des Versorgungsausgleichs
- Vereinbarungen über nacheheliche Unterhaltsansprüche (s. Kapitel 6 / Rechtsfolgen der Ehescheidung)

Beschränkt sich der Ehevertrag darauf, den gesetzlichen Güterstand allgemein oder den Zugewinn- oder Versorgungsausgleich auszuschließen, gilt nach § 1414 BGB Gütertrennung als vereinbart.

Ein Ehevertrag bedarf nach § 1410 BGB **notarieller Form**. Der Vertragsabschluss ist jedoch kein höchstpersönliches Rechtsgeschäft; Stellvertretung ist möglich.

Grundsätzlich besteht beim Abschluss eines Ehevertrages Vertragsfreiheit. Nach der Rechtsprechung[11] kann sich ein Ehegatte nicht auf den Ehevertrag berufen, wenn der Vertrag einen Ehegatten einseitig belastet und nicht Ausdruck beiderseitiger Selbstbestimmung, sondern einseitiger Machtausübung ist.

Die gerichtliche Kontrolle eines Ehevertrages **findet in zwei Stufen statt**:

1. Stufe: **Wirksamkeitskontrolle**

Ist der Ehevertrag wirksam? – Es gilt der Maßstab des **§ 138 BGB**. Unwirksamkeit liegt nach Ansicht des BGH vor, wenn die vertragliche Verteilung der Lasten nicht durch die individuelle Gestaltung der ehelichen Lebensverhältnisse gerechtfertigt ist.[12]

***Bsp.**: Die Vereinbarung von Gütertrennung, Ausschluss des Versorgungsausgleichs und einem völligen Ausschluss des Geschiedenenunterhalts bei einer Hausfrauenehe mit minderjährigen Kindern wäre unwirksam.*

[11] BVerfG Urteil vom 6.2.2001 NJW 2001, S. 957, BGH Urteil vom 9.7.2008 XII ZR 6/07

[12] BGH Urteil vom 11.2.2004 NJW 2004, S. 930

2. Stufe (die zu prüfen ist, wenn der Ehevertrag wirksam ist)

Ausübungskontrolle: Handelt der Ehegatte, der sich auf den Inhalt des Vertrages beruft, rechtsmissbräuchlich? Prüfungsmaßstab ist bei dieser Frage **§ 242 BGB**. Zu berücksichtigen sind die Verhältnisse zur Zeit des Vertragsschlusses und die Entwicklung der Lebensverhältnisse bis zu dem Zeitpunkt, in dem sich ein Ehegatte auf den Vertrag beruft.

Ein Ehevertrag ist auch dann sittenwidrig, wenn ein Geschiedener wegen hoher Unterhaltszahlungen in die Sozialhilfe getrieben wird.[13]

Güterrechtsregister

Das Güterrechtsregister (§§ 1558 ff. BGB) hat den Zweck, die güterrechtlichen Verhältnisse der Ehegatten, die rechtliche Auswirkungen auf Dritte haben können, offen zu legen.

***Bsp.**: Beschränkung oder Ausschluss der Schlüsselgewalt (s. §1357 Abs. 2 BGB) oder der Verfügungsbeschränkungen der §§ 1365 und 1369 BGB in der Zugewinngemeinschaft, Vereinbarung der Gütertrennung, Vereinbarung der Gütergemeinschaft und Bestimmung des Vorbehaltsguts nach § 1418 BGB.*

Die Eintragungen im Güterrechtsregister wirken sich auf die Verfügungsbefugnis und auf die Haftung für Schulden des anderen Ehegatten aus.

Die Ehegatten sind nicht verpflichtet, Eintragungen im Güterrechtsregister vornehmen zu lassen. Die Eintragung erfolgt nur auf Antrag (s. §1560 BGB).
Der Eintrag ist keine Wirksamkeitsvoraussetzung für die eingetragenen güterrechtlichen Verhältnisse.

Für Dritte hat das Güterrechtsregister eine **negative Publizität** nach § 1412 Abs. 1 BGB, das heißt: Bei Abweichungen vom gesetzlichen Güterstand können die Ehegatten Dritten gegenüber Einwendungen nur geltend machen, wenn die Abweichung im Güterrechtsregister eingetragen war oder wenn der Dritte sie in dem Zeitpunkt, als das Rechtsgeschäft vorgenommen wurde, kannte. Indem Ehegatten Abweichungen vom gesetzlichen Güterstand im Güterrechtsregister eintragen lassen, verschieben sie also das Risiko der Kenntnis dieser Vereinbarungen auf ihre Geschäftspartner.

---

[13] BGH Urteil vom 5.11.2008 XII ZR 157/06

Allerdings können sich Dritte nur auf das **Schweigen des Registers** verlassen, nicht auf seine Eintragungen. Geschäftspartner der Ehegatten können sich darauf verlassen, dass eintragungsfähige Regelungen, die im Güterrechtsregister nicht eingetragen sind, nicht bestehen. Nach § 1412 Abs. 2 BGB können sie sich außerdem darauf verlassen, dass eine eingetragene Regelung nicht geändert wurde.

Bsp.: *Ein Ehepaar vereinbart bei seiner Eheschließung Gütertrennung und lässt dies im Güterrechtsregister eintragen. Zwei Jahre später vereinbaren die Eheleute Zugewinngemeinschaft, lassen dies aber nicht eintragen. Darauf verkauft die Ehefrau ohne Zustimmung ihres Mannes ein Grundstück, das – wie ihr Geschäftspartner weiß - ihr gesamtes Vermögen ausmacht. Der Ehemann kann nicht einwenden, der Kaufvertrag sei wegen Verstoßes gegen § 1365 BGB unwirksam, weil die Änderung des Güterstandes der Gütertrennung nicht im Güterrechtsregister eingetragen war und sich der Geschäftspartner der Ehefrau nach § 1412 Abs. 2 BGB darauf verlassen konnte, dass dieser Güterstand weiter bestand und für eine Verfügung über das Vermögen im Ganzen keine Zustimmung des anderen Ehegatten erforderlich ist.*

Gütertrennung (§ 1414 BGB)

Der Güterstand der Gütertrennung tritt ein,

- wenn die Ehegatten ihn im Ehevertrag ausdrücklich vereinbart haben
- wenn die Ehegatten im Ehevertrag den Zugewinnausgleich oder den Versorgungsausgleich ausgeschlossen haben
- wenn die Ehegatten die Gütergemeinschaft aufheben

Für die Gütertrennung gelten folgende **Grundsätze**:

- Jeder Ehegatte behält sein in die Ehe mitgebrachtes und während der Ehe erworbenes Vermögen.
- Während der Ehe gibt es keine Verpflichtungs- oder Verfügungsbeschränkungen.
- Jeder Ehegatte haftet grundsätzlich selbst für seine Schulden. Ausnahme: § 1357 BGB.
- Gemeinsames Vermögen kann nach allgemeinen Vorschriften durch Rechtsgeschäft entstehen, z.B. an Haushaltsgegenständen, an einer Eigentumswohnung, an einem Grundstück.
- Das Vermögen der Ehegatten bleibt auch nach Ende des Güterstandes getrennt. Es findet grundsätzlich kein Ausgleich statt.

Eine wichtige Ausnahme ist der **Ausgleich unbenannter Zuwendungen** durch Wegfall der Geschäftsgrundlage (§ 313 BGB) eines familienrechtlichen Vertrages eigener Art (s. Ausgleichsansprüche neben dem Zugewinnausgleich).

Gütergemeinschaft (§§ 1415 ff. BGB)

Der Güterstand der Gütergemeinschaft entsteht durch Ehevertrag. In der Gütergemeinschaft können bis zu fünf Vermögensmassen entstehen:

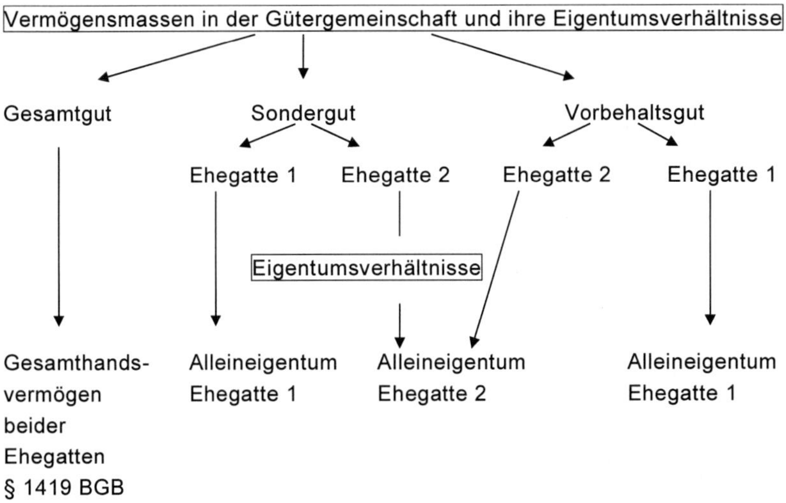

Zum **Gesamtgut** (s. § 1416 BGB) zählt das Eigentum der Ehegatten bei Eheschließung und der spätere Erwerb. Das Gesamtgut entsteht kraft Gesetzes (!) durch die Eheschließung. Das Gesamtgut ist Gesamthandsvermögen. Falls nichts anderes bestimmt ist, wird es von den Eheleuten gemeinschaftlich verwaltet, s. § 1421 S. 2 BGB.

Zum **Sondergut** zählen Gegenstände, die nicht durch Rechtsgeschäft übertragen werden können (§ 1417 BGB).

__Bsp.:__ nach §§ 850 ff. ZPO unpfändbares Gehalt

Im Unterschied zum Sondergut entsteht das **Vorbehaltsgut** nicht durch Gesetz, sondern durch Rechtsgeschäft, z.B. indem bestimmte Gegenstände durch Ehevertrag zum Vorbehaltsgut eines Ehegatten erklärt worden sind, s. § 1418 Abs. 2 BGB. Dritten gegenüber kann das Vorbehaltsgut nur geltend gemacht werden, wenn es im Güterrechtsregister eingetragen ist (§ 1418 Abs. 4 i.V.m. § 1412 BGB).

Bei der **Haftung für Schulden** gilt:

- Grundsätzlich haftet das Gesamtgut für Verbindlichkeiten beider Ehepartner (§ 1437 Abs. 1, § 1459 Abs. 1 BGB).
- Jeder Ehegatte haftet außerdem für seine eigenen Schulden mit seinem persönlichen Vermögen aus dem Sonder- und aus dem Vorbehaltsgut.
- Ob ein Ehegatte mit seinem persönlichen Vermögen aus dem Sonder- und Vorbehaltsgut auch für Schulden des anderen haftet, hängt davon ab, wer das Gesamtgut verwaltet:
  a) Verwalten beide Ehegatten das Gesamtgut, haften beide auch persönlich für Gesamtgutsverbindlichkeiten (§ 1459 Abs. 2 BGB).
  b) Verwaltet nur ein Ehegatte das Gesamtgut, haftet nur er persönlich für Gesamtgutsverbindlichkeiten des anderen(§ 1437 Abs. 2 BGB).

Wiederholungsfragen zum 5. Kapitel

1. Welche Güterstände unterscheidet das BGB?	Zugewinngemeinschaft, Gütertrennung, Gütergemeinschaft
2. Welche Auswirkungen der Ehe auf das Vermögen der Ehegatten gelten unabhängig vom Güterstand?	Die allgemeinen Wirkungen der Ehe (§§ 1353–1362 BGB) und die Verpflichtung zum Unterhalt nach Ehescheidung.
3. In welchem Fall gilt der Güterstand der Zugewinngemeinschaft?	Wenn die Ehegatten im Ehevertrag nichts anderes vereinbart haben.
4. Welche Grundsätze kennzeichnen die Zugewinngemeinschaft?	s. Übersicht Seite 58
5. Auf welche Weise können in der Zugewinngemeinschaft gemeinsame Schulden der Ehegatten entstehen?	Durch Rechtsgeschäft, z.B. im Rahmen des § 1357 BGB.
6. Welchen Zweck haben die Verfügungsbeschränkungen der §§ 1365, 1369 BGB?	Bewahrung der wirtschaftlichen Grundlage der Ehe / Familie, Bewahrung des Zugewinns.

7. Erläutern Sie den Begriff „Vermögen im Ganzen“ i.S.d. § 1365 BGB, wie er von der h.M. vertreten wird.

Ausreichend ist ein einzelner Gegenstand, wenn er nahezu das gesamte Vermögen ausmacht. Verbleiben bei einem kleineren Vermögen noch 15 % des Gesamtvermögens nach der Verfügung über den Einzelgegenstand, greift § 1365 BGB nicht ein. Bei einem größeren Vermögen greift § 1365 BGB nicht ein, wenn noch 10 % des Vermögens nach der Verfügung bleiben.
Der Geschäftspartner muss wissen, dass es sich bei dem Einzelgegenstand um das ganze Vermögen handelt oder er muss die Umstände kennen, aus denen sich dies ergibt. Maßgeblich dafür ist der Zeitpunkt des Verpflichtungsgeschäftes.

8. Chris, der mit Anja im Güterstand der Zugewinngemeinschaft verheiratet ist, verkauft sein Grundstück, das sein gesamtes Vermögen ausmacht (Wert 200.000 Euro) ohne Zustimmung von Anja für 220.000 Euro. Ist dies ein Fall des § 1365 BGB?

Ja, denn die Gegenleistung wird bei der Beurteilung der Frage, ob eine Verfügung über Vermögen im Ganzen vorliegt, nicht berücksichtigt.

9. In Frage 9 hat Anja vergeblich versucht, Chris davon abzuhalten, das Grundstück nach §§ 873, 925 BGB an den Käufer zu übertragen. Trotz Anjas Bitten weigert sich Chris, etwas zur Rückübertragung des Grundstücks zu unternehmen. Was kann Anja tun?

Sie kann Revokationsklage auf Grundbuchberichtigung nach §§ 1368, 894 BGB erheben.

10. Fortsetzung zu Frage 9: Im Prozess wendet Chris´ Geschäftspartner ein, er habe nicht gewusst, dass Chris verheiratet ist, weil er keinen Ehering getragen habe. Ist dieser Einwand von Bedeutung?

§ 1365 BGB enthält ein absolutes Verpflichtungs- und Verfügungsverbot; ein gutgläubiger Erwerb ist nicht möglich.
Es kommt deshalb nicht darauf an, ob der Geschäftspartner des Ehegatten dessen Personenstand kannte oder nicht.

11. Ute, die mit Maren im Güterstand der Zugewinngemeinschaft verheiratet ist, verkauft ihren alten Toaster (ein Erbstück) an K. Als Maren davon erfährt, verlangt sie von K den Toaster zurück. K wendet ein, er habe den Toaster für ein Sammlerstück gehalten und nicht geglaubt, dass er noch im Einsatz sei. Ist dies von Bedeutung?

Im Rahmen von § 1369 BGB kommt es nicht darauf an, dass der Erwerber um die Eigenschaft als Haushaltsgegenstand weiß. Ks Einwand ist deshalb ohne Bedeutung.

12. Wie Frage 11, aber der Toaster gehört Maren. Ist § 1369 BGB auf diesen Fall anwendbar?	Nicht direkt, aber gegebenenfalls analog. Vorrangig ist jedoch zu prüfen, ob ein gutgläubiger Erwerb des Toasters durch K nach §§ 932, 935 BGB ausgeschlossen ist, weil Ute als Nichtberechtigte über einen Gegenstand verfügt hat, der Maren abhanden gekommen ist.
13. Gelten die Verfügungsbeschränkungen der §§ 1365, 1369 BGB in jeder Ehe?	Nein, aus ihrer systematischen Stellung ergibt sich, dass sie nur in der Zugewinngemeinschaft gelten. Im Ehevertrag können die §§ 1365, 1369 BGB eingeschränkt oder ausgeschlossen werden.
14. Welche zwei Möglichkeiten gibt es für den Zugewinnausgleich?	1. nach dem Tod eines Ehegatten (= erbrechtliche Lösung): Zugewinnausgleich nach § 1371 BGB. 2. andere Fälle: Ehescheidung, Aufhebung der Ehe, Ehevertrag (= güterrechtliche Lösung): Zugewinnausgleich nach §§ 1372 ff. BGB)
15. Definieren Sie den Begriff „Zugewinn".	Der Betrag, um den das Endvermögen eines Ehegatten das Anfangsvermögen übersteigt (§ 1373 BGB).
16. Welches ist die richtige Anspruchsgrundlage für den Zugewinnausgleich im Fall einer Ehescheidung?	§ 1378 Abs. 1, Abs. 3 1. HS, § 1372 BGB
17. Das Anfangsvermögen von F beträgt 5.000 Euro, das Endvermögen 3.000 Euro. Wie hoch ist der Zugewinn?	Null. Der Zugewinn kann nicht negativ sein.
18. Bei der Eheschließung hat M Schulden in Höhe von 15.000 Euro und Vermögen im Wert von 2.000 Euro. Wie hoch ist sein Anfangsvermögen nach § 1374?	Minus 13.000 Euro. Nach § 1374 Abs. 3 BGB kann das Anfangsvermögen auch negativ sein.
19. Warum ist es sinnvoll, zu Beginn der Ehe ein Verzeichnis des Anfangsvermögens für jeden Ehegatten anzufertigen?	Ohne Verzeichnis wird ein Anfangsvermögen von Null vermutet und das Endvermögen stellt den Zugewinn dar (s. § 1377 Abs. 3 BGB). Durch das Vermögensverzeichnis wird also das Anfangsvermögen erhöht und der Zugewinn verringert. Dies vermindert den Zugewinnausgleich.

20. Erläutern Sie den Begriff unbenannte oder ehebedingte Zuwendung.

Es ist eine Rechtsfigur, die die Rechtsprechung entwickelt hat und die von der Schenkung unter Ehegatten abzugrenzen ist. Die unbenannte Zuwendung wird um der Ehe willen und als Beitrag zur Verwirklichung der ehelichen Lebensgemeinschaft erbracht.

21. Wie erfolgt nach Scheidung der Ehe ein Ausgleich der unbenannten Zuwendung?

Die Geschäftsgrundlage der unbenannten Zuwendung ist der Fortbestand der Ehe. Nach der Scheidung ist ein Ausgleich aus Wegfall der Geschäftsgrundlage (§ 313 BGB) eines familienrechtlichen Vertrages eigener Art möglich. Dies betrifft vor allem Ehen mit dem Güterstand der Gütertrennung. In der Zugewinngemeinschaft ist der Zugewinnausgleich der vorrangige Ausgleichsmechanismus. Dort findet ein Ausgleich der unbenannte Zuwendung nur in Ausnahmefällen statt: Wenn sich der Gegenstand nicht auf den Zugewinnausgleich auswirkt oder wenn es dem Ehegatten, der einen Ausgleich fordert, vor allem auf die Rückgabe des Gegenstandes ankommt, und der Verweis auf den Zugewinnausgleich unbillig wäre.

22. In welcher Form können unbenannte Zuwendungen erbracht werden?

Als bewegliche oder unbewegliche Sachen und als Arbeitsleistung.

23. Wie gestaltet sich die gerichtliche Kontrolle eines Ehevertrages?

In zwei Stufen.
1. Wirksamkeitskontrolle nach § 138 BGB
2. Ausübungskontrolle nach § 242 BGB.
Ein Ehevertrag ist unwirksam, wenn er einen Ehegatten einseitig belastet und Ausdruck einseitiger Machtausübung ist.

24. Welchen Zweck hat das Güterrechtsregister?

Güterrechtliche Verhältnisse der Ehegatten, die Auswirkungen auf Dritte haben können, offen zu legen.

25. Auf welchen Bereichen können sich güterrechtliche Verhältnisse auf Dritte auswirken?

Verfügungsbefugnis bzw. Verfügungsbeschränkungen und Haftung für Schulden des anderen Ehegatten.

26. Wie wird der Güterstand der Gütergemeinschaft begründet?

Durch ausdrückliche Vereinbarung im Ehevertrag.

27. Was bedeutet der Grundsatz der negativen Publizität des Güterrechtsregisters?	Bei Abweichungen vom gesetzlichen Güterstand können die Ehegatten Einwendunden gegen ein Rechtsgeschäft nur herleiten, wenn die Abweichung im Güterrechtsregister eingetragen war oder wenn der Dritte sie kannte, als das Rechtsgeschäft vorgenommen wurde (s. § 1412 BGB). Dritte können sich jedoch nicht auf die Richtigkeit der Eintragungen im Güterrechtsregister verlassen, nur auf das Schweigen des Registers, also darauf, dass eine eintragungsfähige Regelung, die nicht eingetragen ist, auch nicht besteht.
28. Welche 5 Vermögensmassen können in der Gütergemeinschaft entstehen?	Gesamtgut, Sondergut jedes Ehegatten sowie Vorbehaltsgut jedes Ehegatten
29. Wie entsteht der Güterstand der Gütertrennung?	1. Ausdrückliche Vereinbarung im Ehevertrag 2. Ausschluss des Zugewinnausgleichs oder des Versorgungsausgleichs im Ehevertrag 3. Aufhebung der Gütergemeinschaft
30. Auf welche Weise findet nach Ende des Güterstands der Gütertrennung ein Ausgleich statt?	Grundsätzlich gar nicht. Ausnahme: Unbenannte Zuwendung, also Wegfall der Geschäftsgrundlage (§ 313 BGB) eines familienrechtlichen Vertrages eigener Art.
31. Gilt die Schlüsselgewalt (§ 1357 BGB) a) in der Gütertrennung? b) in der Gütergemeinschaft?	a) und b): ja. Bei § 1357 BGB handelt es sich um eine allgemeine Wirkung der Ehe, wie sich aus der systematischen Stellung der Norm ergibt.

6. Kapitel
Ehescheidung

Seit 1977 gilt im Scheidungsrecht das **Zerrüttungsprinzip**. Danach kann eine Ehe geschieden werden, wenn sie gescheitert ist (s. § 1565 Abs. 1 S. 1 BGB).

Nach dem vorher geltenden Verschuldensprinzip konnte eine Ehe geschieden werden, wenn ein Ehegatte eine schwere Pflichtverletzung begangen hatte und der andere die Scheidung wollte.

Die Scheidung erfolgt nur **durch richterliche Entscheidung**, die auf Antrag eines oder beider Ehegatten ergeht (s. § 1564 S. 1 BGB). Mit der Rechtskraft der Entscheidung ist die Ehe aufgelöst (s. § 1564 S. 2 BGB); alle gesetzlichen Wirkungen der Ehe entfallen.

Das **Scheidungsverfahren** richtet sich nach dem am 1.9.2009 in Kraft getretenen Gesetz über das Verfahren in Familiensachen und in den Angelegenheiten der freiwilligen Gerichtsbarkeit (FamFG), vor allem nach den §§ 133 ff. FamFG.

Mit dem FamFG wurden im Unterschied zum bisherigen Recht nach dem Gesetz über die Angelegenheiten der Freiwilligen Gerichtsbarkeit neue Begriffe eingeführt: Antrag statt Klage, Antragsteller/in statt Kläger/in, Beteiligte statt Parteien, Verfahrenskostenhilfe statt Prozesskostenhilfe.

Zudem wurde das Rechtsmittelsystem geändert: Mit der Rechtsbeschwerde wird für das Verfahren der freiwilligen Gerichtsbarkeit nun auch der Weg zum Bundesgerichtshof frei, s. §§ 70 ff FamFG.

Im Unterschied zum normalen Zivilprozess nach der ZPO gilt nach dem FamFG ein anderes **Verfahrensprinzip**:

- In der ZPO gilt der **Verhandlungsgrundsatz**, nach dem die Parteien selbst bestimmen, welche Tatsachen sie dem Gericht vortragen und bei dem das Gericht Tatsachen, die von keiner Partei vorgetragen wurden, nicht berücksichtigen darf.
- Nach dem FamFG gilt dagegen der **Untersuchungsgrundsatz**: "Das Gericht hat von Amts wegen die zur Feststellung der entscheidungserheblichen Tatsachen erforderlichen Ermittlungen vorzunehmen." (§ 26 FamFG). Einschränkungen des Untersuchungsgrundsatzes ergeben sich aus § 127 FamFG.

Voraussetzungen der Ehescheidung

Der einzige Scheidungsgrund ist das **Scheitern der Ehe** (s. § 1565 Abs. 1 S. 1 BGB). Nach § 1565 Abs. 1 S. 2 BGB ist die Ehe gescheitert, wenn die Lebensgemeinschaft der Ehegatten nicht mehr besteht und nicht erwartet werden kann, dass die Ehegatten sie wiederherstellen. Nach der Rechtsprechung genügt es, wenn sich ein Ehegatte endgültig von dem anderen abgewendet hat.

Damit nicht jeder Scheidungsprozess zu einem Eindringen in die Privat- und Intimsphäre der Ehegatten führt, regelt § 1566 BGB **zwei gesetzliche Vermutungen** für das Scheitern der Ehe:

1. Getrenntleben seit drei Jahren (§ 1566 Abs. 2 BGB).

2. Getrenntleben seit einem Jahr und beide stimmen der Scheidung zu oder der Antragsgegner stimmt der Scheidung zu (§ 1566 Abs. 1 BGB). Der Ehegatte, der dem Scheidungsantrag des anderen Ehegatten zugestimmt hat, kann die Zustimmung bis zum Schluss der mündlichen Verhandlung frei widerrufen (s. § 134 Abs. 2 FamFG).

   Eine **einvernehmliche Scheidung nach nur einem Jahr Getrenntleben** setzte vor Inkrafttreten des FamFG nach § 630 ZPO voraus, dass sich die Ehegatten über folgende Folgesachen geeinigt haben: die elterlichen Sorge und das Umgangsrecht mit gemeinsamen Kindern, die Unterhaltspflicht gegenüber gemeinsamen Kindern, die durch die Ehe begründete gesetzliche Unterhaltspflicht, die Rechtsverhältnisse an der Ehewohnung und am Hausrat. Das FamFG enthält eine solche Regelung nicht mehr. § 133 Abs. 1 Nr. 2 FamFG schreibt stattdessen lediglich vor, dass der Scheidungsantrag eine Erklärung darüber enthalten muss, ob die Ehegatten Folgesachen bereits einvernehmlich geregelt haben. Damit ist das Verfahrenshindernis der Einigung über wichtige Folgesachen weggefallen.

Eine **Scheidung vor Ablauf des Trennungsjahres** ist demnach grundsätzlich nur nach dem Grundtatbestand des § 1565 Abs. 1 BGB möglich. Das Gericht muss also auch dann, wenn beide Ehegatten die Scheidung wollen, objektiv **das Scheitern der Ehe feststellen**. Für eine Scheidung vor Ablauf des Trennungsjahres ist außerdem immer die Härteklausel des § 1565 Abs. 2 BGB zu beachten: Es muss eine **unzumutbare Härte i.S.d. § 1565 Abs. 2 BGB** vorliegen. Mit der „Fortsetzung der Ehe" in § 1565 Abs. 2 BGB ist nach h.M. der Fortbestand der Ehe als bloßes Rechtsverhältnis gemeint. Der Sinn der Vorschrift liegt darin, übereilte Scheidungsanträge abzuwehren. Die unzumutbare Härte muss sich auf Person oder Verhalten des anderen Ehegatten beziehen.

***Bsp.:** körperliche Misshandlung, Trunksucht*

Auch wenn die Voraussetzungen für eine Ehescheidung vorliegen, ist noch die **Härteklausel des § 1568 Abs. 1 BGB** zu prüfen. Danach "soll" (richtig müsste es lauten: darf) eine Ehe wegen besonderer Härten für gemeinsame minderjährige Kinder oder des Ehegatten, der die Scheidung ablehnt, nicht geschieden werden, obwohl sie gescheitert ist.

Die **Kinderschutzklausel** greift nur in Extremfällen ein.

***Bsp.:** Gefahr einer Identitätskrise oder eines Selbstmords des Kindes*

Auch die **persönliche Härteklausel** greift nur in seltenen Ausnahmefällen, in denen eine gescheiterte Ehe nicht geschieden werden soll, um ihre soziale Funktion aufrecht zu erhalten. Die Belastungen, die durch die Scheidung auf den Ehegatten, der die Scheidung ablehnt, zukommt, müssen über die Belastungen, die ein Scheitern der Ehe mit sich bringen, hinausgehen.

***Bsp.:** Der scheidungsunwillige Ehegatte ist schwer krank und auf die Unterstützung des anderen angewiesen. Die Scheidung würde ihn seelisch, gesundheitlich und wirtschaftlich in eine Extremsituation bringen.*

Nach § 127 Abs. 3 FamFG darf das Gericht die außergewöhnlichen Umstände nur berücksichtigen, wenn sie von dem Ehegatten, der die Scheidung ablehnt, vorgebracht werden (= Ausnahme vom Untersuchungsgrundsatz).

Daraus ergeben sich folgende Möglichkeiten, das Scheitern der Ehe festzustellen und die Voraussetzung für eine Scheidung zu schaffen:

Getrenntleben seit weniger als einem Jahr	Getrenntleben seit einem Jahr	Getrenntleben seit einem Jahr	Getrenntleben seit 3 Jahren
+	+	+	+
Antrag eines Ehegatten	beide Ehegatten wollen Scheidung	Antrag eines Ehegatten, Widerspruch des anderen	Antrag eines Ehegatten
+		+	
Feststellung des Scheiterns der Ehe		Feststellung des Scheiterns der Ehe	
+			
unzumutbare Härte nach § 1565 Abs. 2			

Scheitern der Ehe

Ausnahme: Härteklausel nach § 1568 Abs. 1 BGB

- Kinderschutzklausel
- Persönliche Härteklausel

Voraussetzung für Scheidung

Getrenntleben: Ergänzung der Definition, elterliche Sorge

Zum Begriff des Getrenntlebens und Auswirkungen des Getrenntlebens auf die allgemeinen Rechtswirkungen der Ehe s. bereits Kapitel 4.

Die **Definition des Getrenntlebens** in § 1567 Abs. 1 BGB wird durch Abs. 2 **ergänzt**: Danach unterbricht oder hemmt ein Zusammenleben über kürzere Zeit, das der Versöhnung der Ehegatten dienen soll, die in § 1566 bestimmten Fristen (zur Vermutung des Scheiterns der Ehe nach einem bzw. nach drei Jahren) nicht. Der Sinn dieser Vorschrift liegt darin, Versöhnungsversuche zu ermöglichen, ohne dass die Ehepartner befürchten müssen, dass die Fristen der Vermutung für das Scheitern der Ehe nach § 1566 neu beginnen.

***Bsp.:** Sandra ist aus der gemeinsamen Ehewohnung, in der sie mit Matthias lebte, ausgezogen und hat sich ein Zimmer in einer WG gemietet. Die Ehegatten leben vom 1.3. bis 23.12. getrennt. Weihnachten feiern sie zusammen und auch die Feiertage verbringen sie gemeinsam. Schon an Silvester sind die alten Wunden wieder offen und noch vor dem Jahreswechsel zieht Sandra wieder in ihr WG-Zimmer. Im März des nächsten Jahres stellt Sandra Scheidungsantrag, Matthias stimmt zu. – Die Frist des § 1566 Abs. 1 BGB ist eingehalten.*

Es ist also zu unterscheiden zwischen einer echter Versöhnung, nach der die Trennungszeit wieder neu beginnt, und dem Versuch einer Versöhnung, der die Trennungszeit weder unterbricht noch hemmt.

Das Getrenntleben wirkt sich nicht nur auf die allgemeinen Rechtswirkungen der Ehe aus. Es hat auch Folgen für die elterliche Sorge:

Grundsätzlich steht die elterliche Sorge über gemeinsame Kinder den Eltern gemeinschaftlich zu (§ 1629 Abs. 1 S. 2, 1. Halbsatz BGB). Daran ändert das Getrenntleben grundsätzlich nichts. Nach **§ 1671 BGB** kann ein Ehegatte jedoch die Übertragung der elterlichen Sorge oder eines Teils der elterlichen Sorge beantragen, wenn die Eltern nicht nur vorübergehend getrennt leben.

***Bsp.:** Die Eltern des 2-jährigen Marc haben sich getrennt, Marc lebt bei seiner Mutter. Die Eltern streiten über die Notwendigkeit von Schutzimpfungen für Marc. Der Vater möchte den Empfehlungen der Ständigen Impfkommission am Robert-Koch-Institut (STIKO) folgen. Die Mutter fürchtet Impfschäden und lehnt Impfungen ab. Die Eltern beantragen wechselseitig die Alleinübertragung der Gesundheitssorge über Marc. – Die Schutzimpfung eines Kindes ist eine Angelegenheit von erheblicher Bedeutung. Liegen keine besonderen Impfrisiken beim Kind vor, kann die Entscheidungsbefugnis dem Elternteil übertragen werden, das die Empfehlungen der STIKO befürwortet (BGH 3.5.2017, XII ZB 157/16).*

Leben Eltern, denen die elterliche Sorge gemeinsam zusteht, nicht nur vorübergehend getrennt, regelt § 1687 BGB die Einzelheiten bei der Ausübung der elterlichen Sorge. Dabei ist wie folgt zu unterscheiden:

Getrenntleben der Eltern M und F / Kind hält sich bei F auf / gemeinsame elterliche Sorge

↓

Ausübung der elterlichen Sorge

↙ ↘

Angelegenheiten, deren Regelung für das Kind von erheblicher Bedeutung sind **Bsp.:** Auswahl einer Schule, Operation	Angelegenheiten des täglichen Lebens **Bsp.:** Fernsehkonsum, Wahl des Mittagessens
↓	↓
Grundsatz: gegenseitiges Einvernehmen der Eltern ist erforderlich	Ehegatte, bei dem sich das Kind aufhält, entscheidet allein.

Ausnahme: Gefahr im Verzug (§ 1687 Abs. 1 S. 5 i.V.m. § 1629 Abs. 1 S. 4 BGB): Jeder Ehegatte ist berechtigt, die Rechtshandlungen vorzunehmen, die zum Wohl des Kindes erforderlich sind.

Die gemeinsame elterliche Sorge nach Trennung oder Scheidung der Eltern kann auch so umgesetzt werden, dass sich das Kind abwechselnd bei einem Elternteil aufhält (**Wechselmodell**). Das Wechselmodell kann evtl. auch im Rahmen einer Umgangsregelung nach § 1684 BGB umgesetzt werden. Ein wöchentlicher Turnus als Umgangsregelung (Kind eine Woche bei einem, eine Woche beim anderen Elternteil) ist möglich. Eine gerichtliche Umgangsregelung, die im Ergebnis zu einer gleichmäßigen Betreuung des Kindes durch beide Elternteile im Sinn eines **paritätischen Wechselmodells** führt, wird vom Gesetz nicht ausgeschlossen (BGH 1.2.2017, XII ZB 601/15). Maßstab der Regelung ist das im Einzelfall festzustellende Kindeswohl, vgl. § 1697 a.

Rechtsfolgen der Ehescheidung

Eine Ehescheidung wirkt sich auf mehreren Bereichen aus:

Rechtsfolgen der Ehescheidung

↙ ↘

im Hinblick auf den einzelnen Ehegatten bzw. auf das Verhältnis der geschiedenen Ehegatten

↓

- Ehename: § 1355 Abs. 5
- Versorgungsausgleich: §§ 1587 ff.
- Verteilung von Hausrat und Ehewohnung: §§ 1568a und 1568b BGB
- Zugewinnausgleich: §§ 1372 ff.
- Scheidungsunterhalt
  a) nach Gesetz: §§ 1569 ff.
  b) nach Vertrag: § 1585 c

im Hinblick auf gemeinsame Kinder

↓

- Sorgerecht: §§ 1671, 1687
- Umgangsrecht: § 1684
- Unterhalt: §§ 1601 ff.

Der **gesetzliche Scheidungsunterhalt** geht vom Grundsatz der Eigenverantwortung aus (s. § 1569 BGB). Eingeschränkt wird der Grundsatz der Eigenverantwortung vom Grundsatz der nachehelichen Solidarität, also einer Verantwortung für den geschiedenen Ehegatten.

Prüfung eines Anspruchs auf gesetzlichen Scheidungsunterhalt:

I. Entstehung eines Unterhaltsanspruchs

1. Liegt ein **Unterhaltstatbestand** vor? Unterhaltstatbestände sind: §§ 1570, 1571, 1572, 1573, 1575, 1576 BGB
2. Wie hoch ist das **Maß des Unterhalts**?
   Grundsatz: § 1578 Abs. 1 BGB: Maßstab sind die ehelichen Lebensverhältnisse
3. **Bedürftigkeit** des Unterhaltsberechtigten? Nach § 1577 BGB werden Einkünfte und Vermögen des Unterhaltsberechtigten angerechnet.
4. **Leistungsfähigkeit** des Unterhaltsverpflichteten: § 1581 BGB
5. **Rangfolge** bei mehreren Unterhaltsberechtigten: §§ 1582, 1584, 1608, 1609 BGB
6. **Art** der Unterhaltsgewährung und **Fälligkeit**, § 1585 BGB

II. Einwendungen gegen einen Unterhaltsanspruch

1. **Herabsetzung** auf den angemessenen Lebensbedarf nach § 1578 b Abs. 1 BGB
2. **Befristung**, § 1578 b Abs. 2 BGB
3. **Härteklausel**, § 1579 BGB (Beschränkung oder Versagung des Unterhaltsanspruchs wegen grober Unbilligkeit)
4. **Erlöschen des Anspruchs** wegen Wiederheirat, Begründung einer Lebenspartnerschaft oder Tod des Berechtigten, § 1586 BGB
5. **Abweichung oder Verzicht durch Vereinbarung** nach § 1585 c BGB

Zum 1.1.2008 trat das Gesetz zur Änderung des Unterhaltsrechts in Kraft. Das Gesetz brachte deutliche Änderungen auf zwei Bereichen: dem Unterhaltsanspruch wegen Kindesbetreuung (§ 1570 BGB) und der Rangfolge mehrerer Unterhaltsberechtigter (§ 1609 BGB).

Eine wesentliche Rolle für die Reform des Unterhaltsanspruchs wegen Kindesbetreuung (§ 1570 BGB) spielte die Entscheidung des Bundesverfassungsgerichts vom 28.2.2007 zu § 1615 l BGB.[14] Nach § 1615 l Abs. 2 S. 3 BGB hat die Mutter eines nichtehelichen Kindes gegen den Vater des Kindes einen Anspruch auf Unterhalt grundsätzlich bis zum 3. Geburtstag des Kindes (und in der Fassung vor der Reform nur in Fällen grober Unbilligkeit dar-

[14] NJW 2007, S. 1735

über hinaus). Im Unterschied dazu hatte die Mutter eines ehelichen Kindes nach der Scheidung je nach den Umständen des Einzelfalls einen Unterhaltsanspruch gegen den Kindsvater bis zum 8. Geburtstag des Kindes. Das Bundesverfassungsgericht erklärte die Vorschrift des § 1615 I BGB für unvereinbar mit Art. 6 Abs. 5 GG (Gleiche Bedingungen für eheliche und nichteheliche Kinder), weil dem nichtehelichen Kind die Möglichkeit genommen werde, „ebenso lange wie ein ehelichen Kind im Mittelpunkt elterlicher Sorge zu stehen."

Der Gesetzgeber glich daraufhin die Unterhaltstatbestände des § 1570 BGB und des § 1615 I BGB aneinander an. Nach § 1615 I Abs. 2 Satz 4 BGB verlängert sich der grundsätzliche Unterhaltsanspruchs der nichtehelichen Mutter gegen den Kindsvater über die Dauer von drei Jahren hinaus, „solange und soweit dies der Billigkeit entspricht". Vor der Reform war dies nur bei grober Unbilligkeit möglich.

Der geänderte § 1570 BGB begrenzt den Unterhalt des geschiedenen Ehegatten wegen der Betreuung eines Kindes nun ebenfalls auf „mindestens drei Jahre nach der Geburt". Eine Verlängerung ist nach § 1570 Abs. 1 S. 2 und Abs. 2 BGB möglich. Seit 1.1.2008 ist der geschiedene Ehegatte grundsätzlich verpflichtet, öffentliche und private Einrichtungen zur Kinderbetreuung zu nutzen.

Literaturtipp: Helmut Borth: Der Betreuungsunterhalt geschiedener Ehegatten und die Erwerbsobliegenheit nach neuem Recht, in: FamRZ 2008, S. 2 – 16.

In der ersten Entscheidung des BGH zu § 1570 BGB[15] stellte das Gericht klar, dass der Gesetzgeber mit der Neugestaltung des § 1570 BGB für Kinder ab dem vollendeten 3. Lebensjahr den Vorrang persönlicher Betreuung durch die Eltern gegenüber einer anderen kindgerechten Betreuung aufgegeben hat. Soweit ein Kind eine Betreuungseinrichtung besucht oder besuchen könnte, kann sich der geschiedene Elternteil nicht mehr darauf berufen, das Kind persönlich betreuen zu müssen. Vielmehr ist der betreffende Elternteil grundsätzlich verpflichtet, eine Erwerbstätigkeit aufzunehmen mit der Folge, dass gegen den geschiedenen Ehegatten kein oder nur ein verminderter Anspruch auf Unterhalt wegen Kindesbetreuung besteht. Der BGH stellte jedoch auch fest, dass es trotz einer möglichen Kindesbetreuung Gründe geben kann, die einer Erwerbsobliegenheit nach § 1570 BGB entgegenstehen: eine

[15] Urteil vom 18.3.2009 XII ZR 74/08

überobligationsmäßige Belastung des Ehegatten und ein in der Ehe gewachsenes Vertrauen in die vereinbarte und praktizierte Rollenverteilung.

In § 1609 BGB wurde außerdem die Rangfolge mehrerer Unterhaltsberechtigter, die nach alter Rechtslage auf mehrere Vorschriften verteilt war, neu gefasst. Im Vordergrund stand bei der Reform zum einen der Schutz minderjähriger Kinder und zum andern die Stärkung der finanziellen Grundlage der Zweitfamilie, die ein geschiedener Ehegatte gründet.

Literaturtipp: Heinrich Schürmann: Kinder – Eltern – Rang. Die neue Rangordnung nach dem Unterhaltsrechtsänderungsgesetz, in: FamRZ 2008, S. 313-326.

Das **Maß des Unterhalts** nach der neuesten Rechtsprechung: Nach § 1578 Abs. 1 BGB bestimmt sich das Maß des Unterhalts nach den ehelichen Lebensverhältnissen und umfasst den gesamten Lebensbedarf. Besonders bei kleinen Einkommen stellt sich die Frage, wie das zur Verfügung stehende Geld gerecht verteilt werden kann. Denn nach der Scheidung sind zwei Haushalte zu finanzieren, was erheblich teurer ist als die Aufrechterhaltung nur eines Haushalts. Zudem stellt sich die Frage, inwieweit sich Veränderungen, die nach der Scheidung eintreten, auf das Maß des Unterhalts auswirken können. Der BGH hat den Begriff der **"wandelbaren ehelichen Lebensverhältnisse"** eingeführt und entschieden, dass eine Wiederverheiratung des geschiedenen Ehegatten mit der Folge einer Unterhaltsverpflichtung gegenüber dem neuen Ehegatten zu einer Minderung der Unterhaltsverpflichtung gegenüber dem geschiedenen Ehegatten führt (BGH 18.11.2009 XII ZR 65/09, FamRZ 2010, S. 111). Dies ist vom BVerfG kritisiert worden (25.1.2011, FamRZ 2011, S. 437). Das BVerfG beanstandete, der BGH habe die Grenzen richterlicher Rechtsfortbildung überschritten. Nach dem Gesetz sei die Prüfungsreihenfolge diese:

Erst im Rahmen des § 1578 Abs. 1 BGB das Maß des ehelichen Unterhalts festzustellen, und dann im Rahmen der §§ 1582, 1609 BGB den Rang mehrerer Unterhaltsberechtigter zu bestimmen.

Nach § 1585 c BGB können die Ehegatten **Vereinbarungen über die Unterhaltspflicht für die Zeit nach der Scheidung** treffen. Im Unterschied zum Ehevertrag, der nach § 1410 BGB notarieller Form bedarf, gibt es für Unterhaltsvereinbarungen **keine Formvorschriften**. Die Schriftform ist allerdings sehr empfehlenswert.

Das in § 1614 Abs. 1 BGB normierte Verbot, auf den Unterhalt für die Zukunft zu verzichten, gilt für den Scheidungsunterhalt nicht. Dennoch gilt für Verträge zum Unterhalt Geschiedener – wie auch bei Eheverträgen – keine völlige Vertragsfreiheit. Wie die Prüfung eines Ehevertrages (s. Kapitel 5 / Ehevertrag), so gestaltet sich auch die **gerichtliche Kontrolle** nachehelicher Unterhaltsvereinbarungen **in zwei Stufen**: Der Wirksamkeitskontrolle nach § 138 BGB und der Ausübungskontrolle nach § 242 BGB. Die Grenze, die in Vereinbarungen zum nachehelichen Unterhalt nicht angetastet werden darf, ist nach der Rechtsprechung des BGH der **Kernbereich des Scheidungsfolgenrechts**: Danach ist ein Verzicht auf den Betreuungsunterhalt nach § 1570 BGB in der Regel unwirksam, eine Modifikation ist jedoch möglich. Ein Verzicht auf die Unterhaltsansprüche nach §§ 1571 und 1572 BGB (Alter und Krankheit) ist nur unter besonderen Umständen wirksam, z.B. wenn Alter i.S.d. § 1571 BGB bzw. Krankheit bereits bei Eheschließung vorlag.

> Wie auch für Eheverträge gilt für nacheheliche Unterhaltsvereinbarungen:
> **Ein Ehegatte darf sich nicht auf einen Vertrag berufen, der einen Ehegatten einseitig belastet und nicht Ausdruck beiderseitiger Selbstbestimmung, sondern einseitiger Machtausübung ist.**

Im Hinblick auf gemeinsame Kinder gilt nach einer Scheidung Folgendes:

- **Sorgerecht**: Wie das Getrenntleben ändert auch die Scheidung der Eltern nichts am Grundsatz der gemeinsamen elterlichen Sorge (s. oben beim Getrenntleben)

- **Umgangsrecht**: § 1684 BGB regelt das Recht des Kindes auf Umgang mit jedem Elternteil und das Recht und die Pflicht jedes Elternteils auf Umgang mit dem Kind.

- **Unterhalt:** Die Unterhaltspflicht im Verhältnis von Eltern zu ihren Kindern (Verwandte gerader Linie) richtet sich nach §§ 1601 ff. BGB; die Unterhaltsberechtigung eines minderjährigen Kindes gegenüber seinen Eltern ergibt sich aus §§ 1601, 1602 Abs. 2 BGB. Grundsätzlich ist der Unterhalt in Geld zu gewähren (§ 1612 BGB). Pflege und Erziehung eines minderjährigen unverheirateten Kindes gelten nach § 1606 Abs. 3 S. 2 BGB als Unterhaltsbeitrag.

Wiederholungsfragen zum 6. Kapitel

1. Welches Prinzip liegt der Ehescheidung zugrunde? Erläutern Sie es kurz.	Zerrüttungsprinzip. Eine Ehe kann geschieden werden, wenn sie gescheitert ist.
2. Inwiefern gilt im Scheidungsprozess eine Abweichung gegenüber sonstigen Grundsätzen des Zivilprozesses?	Statt des Verhandlungsprinzips gilt der Untersuchungsgrundsatz (s. § 26 FamFG), allerdings mit Einschränkungen (s. § 127 FamFG).
3. Julita und Yannik sind verheiratet und leben seit 13 Monaten getrennt. Beide wollen die Scheidung. Sie können sich jedoch nicht darüber einigen, bei wem die gemeinsame 2-jährige Tochter Rebecca leben soll. Kann das Gericht von einem Scheitern der Ehe nach § 1566 Abs. 1 BGB ausgehen und die Scheidung aussprechen?	Vor Inkrafttreten des FamFG setzte § 630 ZPO für eine einvernehmliche Scheidung nach § 1566 Abs. 1 BGB eine Einigung über Folgesachen voraus. Im FamFG wurde diese Rechtslage nicht übernommen. Daher kann eine fehlende Einigung über Folgesachen eine Scheidung nach § 1566 Abs. 1 BGB nicht verhindern.
4. Das Gericht stellt das Scheitern einer Ehe fest. Was kann einer Ehescheidung jetzt noch entgegenstehen?	Die Härteklausel des § 1568 Abs. 1 BGB: Kinderschutzklausel, persönliche Härteklausel zum Schutz des scheidungsunwilligen Ehegatten.
5. Wie wirkt sich ein Getrenntleben der Ehegatten auf die elterliche Sorge aus?	Grundsätzlich gar nicht. Die gemeinsame elterliche Sorge bleibt bestehen. Jeder Ehegatte kann jedoch die Übertragung der elterlichen Sorge auf sich beantragen (s. § 1671 BGB).
6. M und F leben getrennt. Ihr Kind K lebt bei M. K soll am Darm operiert werden. Wer muss nach der Einwilligung gefragt werden?	Da die Operation für K von erheblicher Bedeutung ist, müssen nach § 1687 Abs. 1 S. 1 BGB beide Eltern einwilligen.
7. Wie Frage 6, aber F hat das Kind ins Krankenhaus gebracht und die Operation eilt. Kann F auch allein wirksam einwilligen? Begründen Sie.	Hier liegt Gefahr im Verzug vor. Nach § 1687 Abs. 1 S. 5 i.V.m. § 1629 Abs. 1 S. 4 kann jeder Ehegatte allein die erforderlichen Rechtshandlungen zum Wohl des Kindes vornehmen. F kann also auch allein einwilligen.

8. In welchen Prüfungsschritten prüft man einen Anspruch auf gesetzlichen Scheidungsunterhalt?

<u>I. Entstehung eines Unterhaltsanspruchs</u>:
1. Unterhaltstatbestand
2. Maß des Unterhalts
3. Bedürftigkeit des Berechtigten
4. Leistungsfähigkeit des Verpflichteten
5. Rangfolge
6. Art und Fälligkeit des Anspruchs

<u>II. Einwendungen:</u>
1. Zeitliche Begrenzung
2. Härteklausel
3. Erlöschen des Anspruchs
4. Abweichung oder Verzicht durch Vereinbarung

9. Hat die Mutter eines nichtehelichen Kindes Anspruch auf Unterhalt gegen den Vater des Kindes?

Nach § 1651 I Abs. 1 BGB für die Dauer von sechs Wochen vor und acht Wochen nach der Geburt. Nach Abs. 2 endet der Unterhaltsanspruch, wenn von der Mutter wegen der Pflege und Erziehung des Kindes eine Erwerbstätigkeit nicht erwartet werden kann, in der Regel drei Jahre nach der Geburt, unter besonderen Umständen auch später.

10. Welche Formvorschrift muss für Vereinbarungen über den Unterhalt nach einer Scheidung unbedingt eingehalten werden?

§ 1585 c BGB schreibt keine besondere Form vor. Die Schriftform ist aber empfehlenswert.

11. Die Rechtsprechung hat für die Prüfung der Wirksamkeit nachehelicher Unterhaltsvereinbarungen ähnliche Mechanismen entwickelt wie für Eheverträge. Welche?

Zweistufige Prüfung.
1. Stufe: Wirksamkeitskontrolle nach § 138
2. Stufe: Ausübungskontrolle nach § 242
Keine Berufung auf einen Vertrag, der einen Ehegatten einseitig belastet und nicht Ausdruck beiderseitiger Selbstbestimmung, sondern einseitiger Machtausübung ist.

12. Was ist für das Umgangsrecht im Hinblick auf gemeinsame Kinder nach einer Ehescheidung zu beachten?

Nach § 1684 BGB hat das Kind ein Recht auf Umgang mit jedem Elternteil. Jeder Elternteil ist zum Umgang mit dem Kind berechtigt und verpflichtet.

13. Erklären Sie den Begriff 'paritätisches Wechselmodell'.

Ein Kind wird nach Trennung oder Scheidung der Eltern gleichmäßig durch den einen oder anderen Elternteil betreut.

14. Wonach richtet sich das Unterhaltsrecht eines Kindes gegenüber seinen Eltern?

Nach §§ 1601, 1602 Abs. 2 BGB.

7. Kapitel
Kindschaftsrecht

Name, Wohnsitz, Dienstleistungspflicht

Die §§ 1616-1618 BGB regeln allgemeine Aspekte zum Rechtsverhältnis zwischen Eltern und Kindern.

Regelungen zum **Namen** des Kindes und den Möglichkeiten, den Namen nachträglich zu ändern, finden sich in den §§ 1616-1618 BGB.

Der **Wohnsitz** des Kindes ergibt sich dagegen aus Abschnitt 1 des Allgemeinen Teils des Bürgerlichen Gesetzbuchs: aus § 11 BGB.

Nach § 1619 BGB ist ein Kind zur **Dienstleistung** in Hauswesen und Geschäft der Eltern verpflichtet. Für die Dienstleistung nach § 1619 BGB kann keine Vergütung verlangt werden.

> ***Bsp.:*** *Geschirr abtrocknen, Mülleimer leeren, Mithilfe im landwirtschaftlichen Betrieb der Eltern*

Nichtsdestotrotz sind zwischen Eltern und ihren Kindern Dienst- oder Arbeitsverträge und auch Gesellschaftsverträge zulässig. Diese Verträge können auch stillschweigend abgeschlossen werden. Die Vergütung für einen stillschweigend abgeschlossenen Arbeitsvertrag richtet sich nach § 612 BGB.

Wird ein Kind, das kraft Gesetzes, also nach § 1619 BGB, Dienstleistungen für die Eltern erbringt, durch ein Verschulden Dritter verletzt oder getötet, haben die Eltern **nach § 845 BGB einen Ersatzanspruch** - nicht aber, wenn das Kind auf vertraglicher Grundlage Leistungen erbringt.

Nach § 1618 a BGB sind Eltern und Kinder einander Beistand und Rücksicht schuldig. Auf dieser Grundlage können **auch Eltern** gesetzlich zur Mithilfe in Hausstand und Geschäft ihrer Kinder verpflichtet sein.

> ***Bsp.:*** *Der Ehemann E der T ist im Endstadium einer unheilbaren Krankheit. T und E haben drei Kinder im Alter von 1 bis 4 Jahren zu betreuen und sie betreiben als Selbstständige einen kleinen Gemischtwarenladen. Die Eltern von E und T sind zur Unterstützung sowohl im Haushalt als auch im Laden verpflichtet.*

Elterliche Sorge

Die elterliche Sorge ist nach § 1626 Abs. 1 S. 1 BGB die Pflicht und das Recht der Eltern, für ihr minderjähriges Kind zu sorgen.

Die elterliche Sorge wird nach § 1626 Abs. 1 S. 2 BGB in zwei Bereiche unterteilt:

Elterliche Sorge

Personensorge | Vermögenssorge

Der Inhalt der **Personensorge** ergibt sich aus § 1631 sowie §§ 1631 a ff. BGB, aber auch aus dem Gesetz über die religiöse Kindererziehung. Zur Personensorge gehört sowohl tatsächliches als auch rechtliches Handeln.

Bsp.: *Einwilligung in ärztliche Behandlung, Geltendmachen von Unterhaltsansprüchen des Kindes, Zubereitung von Mahlzeiten, tägliche Fürsorge*

Die **Vermögenssorge** schließt alle tatsächlichen und rechtlichen Maßnahmen ein, die darauf hinzielen, das Vermögen des Kindes zu erhalten, zu verwerten und zu vermehren. Auch zur Vermögenssorge gehören tatsächliches und rechtliches Handeln.

Bsp.: *Verwaltung einer Erbschaft des Kindes, Abschluss eines Sparvertrages für Vermögen des Kindes*

Die **Abgrenzung** zwischen Personen- und Vermögenssorge ist wichtig, weil einige Vorschriften daran anknüpfen.

Bsp.: *§ 1666 Abs. 2 und 4 BGB*

Als **Träger der elterlichen Sorge** kommen vor allem in Betracht:

- beide Eltern gemeinsam
- ein Elternteil
- ein Stiefelternteil, dieser hat aber nur ein Mitentscheidungsrecht („kleines Sorgerecht des Stiefelternteils") nach § 1687 b BGB.
- ein Pfleger, der im Rahmen einer Pflegschaft Teilbereiche der elterlichen Sorge ausübt, § 1909 BGB (zur Pflegschaft s. Kapitel 1)
- ein Vormund, der anstelle der Eltern die gesamte elterliche Sorge ausübt (§ 1793 BGB)

Der **Erwerb der elterlichen Sorge** ist auf drei Wegen möglich:

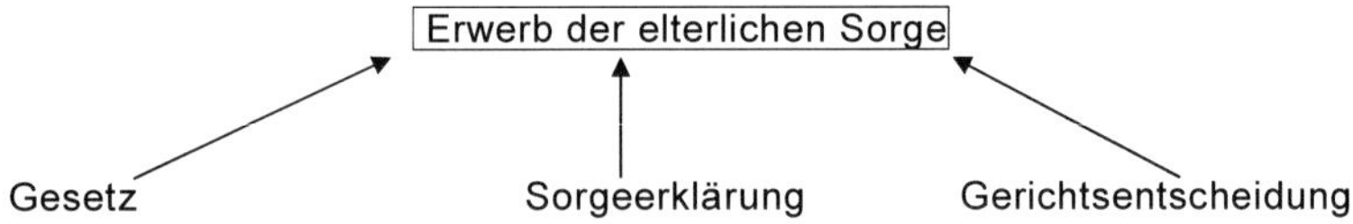

Ein **gemeinsames Sorgerecht** der Eltern besteht:

- wenn sie bei der Geburt des Kindes miteinander verheiratet sind (Umkehrschluss aus § 1626 a Abs. 1 BGB)
- wenn sie nach der Geburt des Kindes einander heiraten (§ 1626 a Abs. 1 Nr. 2 BGB)
- wenn sie bei der Geburt des Kindes nicht miteinander verheiratet sind, aber Sorgeerklärungen abgeben (§ 1626 a Abs. 1 Nr. 1 BGB, s. auch §§ 1626 b ff. BGB)
- wenn sie bei der Geburt des Kindes nicht miteinander verheiratet sind und das Familiengericht ihnen die elterliche Sorge gemeinsam überträgt, vgl. § 1626 Abs. 1 Nr. 3 i.V.m. Abs. 2 BGB.

Die Möglichkeit, dass das gemeinsame Sorgerecht für ein nichteheliches Kind außer durch Sorgeerklärung auch durch familiengerichtliche Entscheidung auf Antrag eines Elternteils begründet werden kann, gibt es erst seit 19.5.2013, als das Gesetz zur Reform der elterlichen Sorge nicht miteinander verheirateter Eltern in Kraft trat. Vor Inkrafttreten des Gesetzes hatte der Vater eines nichtehelichen Kindes keine gesetzlich festgelegte Möglichkeit, ohne Zustimmung der Mutter am Sorgerecht teilzuhaben. Diese Rechtslage war verfassungswidrig, weil sie das Elternrecht des Vaters aus Art. 6 Abs. 2 GG verletzte, vgl. BVerfG 27.7.2010 (1 BvR 420/09, FamRZ 2010. S. 1403; anders noch BVerfG 29.1.2003 NJW 2003, S. 955). Auch der Europäische Gerichtshof für Menschenrechte hatte entschieden, dass Deutschland die Väter außereheliche geborener Kinder beim Zugang zur (gemeinsamen) elterlichen Sorge diskriminierte (EuGH 3.12.2009, Beschwerde-Nr. 22028/04 Zaunegger ./. Deutschland, FamRZ 2010, S. 103). Daher musste das Sorgerecht nichehelicher Eltern neu geregelt werden.

Ein alleiniges Sorgerecht der Mutter bei Geburt des Kindes ist vom Gesetz vorgesehen, wenn die Eltern bei der Geburt des Kindes nicht miteinander verheiratet sind, wenn sie keine Sorgeerklärungen abgegeben haben und das Familiengericht keine andere Regelung zur elterlichen Sorge getroffen hat (siehe § 1626 Abs. 3 BGB).

Für die Ausübung des gemeinsamen Sorgerechts gelten die §§ 1627 f. BGB:

Uneinigkeit der Eltern über eine Angelegenheit der elterlichen Sorge

↙ ↘

Regelung ist für das Kind von erheblicher Bedeutung

Bsp.: Besuch eines Internats, Mandeloperation, 6-monatige Reise nach Kambodscha

↓

Einigungsversuch

↙ ↘

Einigung misslingt | Einigung gelingt

↓

Antrag beim Familiengericht

↓

Gericht überträgt die Entscheidung auf einen Elternteil

Regelung ist für das Kind nicht von erheblicher Bedeutung

Bsp.: Übernachtung der 8-jährigen Tochter bei der besten Freundin

↓

Einigungsversuch

↙ ↘

Einigung misslingt | Einigung gelingt

↓

faktisches Vetorecht des ablehnenden Elternteils

Veränderungen der originären Zuordnung der elterlichen Sorge kommen in folgenden Fällen in Betracht:

- Trennung der Eltern, denen das Sorgerecht gemeinsam zustand, und Übertragung der elterlichen Sorge auf einen Elternteil nach § 1671 Abs. 1 BGB (nur auf Antrag).

- Nach § 1671 Abs. 2 BGB besteht seit Inkrafttreten des Gesetzes zur Reform der elterlichen Sorge nicht miteinander verheirateter Eltern am 19.5.2013 die Möglichkeit eines Sorgerechtswechsels gegen den Willen der nach § 1626 Abs. 3 allein sorgeberechtigten Mutter.

- Wird bei gemeinsamer elterlicher Sorge einem Elternteil das Sorgerecht ganz oder zum Teil nach § 1666 BGB entzogen, ist der andere Elternteil allein sorgeberechtigt, s. § 1680 Abs. 3 und 1 BGB sowie § 1629 Abs. 1 S. 3 BGB.

  Bsp.: *Die Mutter lehnt Bluttransfusionen für das Kind aus religiöser Überzeugung ab, der Vater nicht. Benötigt das Kind regelmäßig Bluttransfusionen, wird der Mutter die elterliche Sorge hinsichtlich der Einwilligung in Bluttransfusionen entzogen, weil die Verweigerung eine Gefährdung des Kindeswohls nach § 1666 BGB darstellt. Der Vater entscheidet dann allein.*

- Wenn die elterliche Sorge eines Elternteils nach § 1673 oder § 1674 BGB ruht, übt der andere Teil die Sorge allein aus, s. § 1678 BGB.

  Bsp.: *Der Vater ist im Gefängnis.*

- Stirbt ein Elternteil und stand die elterliche Sorge beiden Eltern zu, steht die elterliche Sorge dem überlebenden Elternteil zu (vgl. § 1680 Abs. 1).

- Stand einem Elternteil die elterliche Sorge nach § 1626a Abs. 3 oder § 1671 allein zu und stirbt dieser Elternteil, so überträgt das Familiengericht dem überlebenden Elternteil die elterliche Sorge, wenn dies dem Wohl des Kindes nicht widerspricht (§ 1680 Abs. 2 BGB).

- Bei Gefahr in Verzug, also in Notfällen, ist jeder Elternteil berechtigt, allein zum Wohl des Kindes handeln (s. § 1629 Abs. 1 S. 4 BGB).

  Bsp.: *Das Kind wurde auf dem Spielplatz schwer verletzt und muss wegen Verletzung innerer Organe operiert werden. Die Mutter ist mit der Operation einverstanden, der Vater ist nicht erreichbar. – Hier genügt die Einwilligung der Mutter. (Wäre kein Elternteil erreichbar und das Kind in Gefahr, wäre die Operation wegen rechtfertigenden Notstands nach § 34 StGB gerechtfertigt.)*

Wurde nach den eben genannten Gesichtspunkten eine Gerichtsentscheidung über die Ausübung des Sorgerechts getroffen, ist eine Änderung des Sorgerechts nach § 1696 Abs. 1 BGB nur unter strengen Voraussetzungen möglich.

Das **Sorgerecht** ist vom **Umgangsrecht** zu unterscheiden!
Auch wenn ein Elternteil nicht Inhaber des Sorgerechts ist, ist er doch nach § 1684 Abs. 1 BGB zum Umgang mit dem Kind berechtigt – und verpflichtet, s. auch § 1626 Abs. 3 BGB.

Nach § 1685 BGB besteht auch ein Recht der Großeltern und Geschwister sowie anderer Bezugspersonen auf Umgang mit dem Kind – wenn der Umgang dem Wohl des Kindes dient.

Die Personensorge umfasst auch das Recht, den Umgang des Kindes mit Wirkung für und gegen Dritte zu bestimmen, s. § 1632 Abs. 2 BGB. Ein Beispiel wäre der Anspruch auf Unterlassung des Umgangs gegen einen 37-jährigen verheirateten Mann, der eine sexuelle Beziehung zur 16-jährigen Tochter hat. Anspruchsgrundlage für den Unterlassungsanspruch gegen den Mann ist der quasinegatorische Unterlassungsanspruch aus § 1004 BGB analog.

Durch Gesetz vom 4.7.2013 hat der Gesetzgeber mit Einführung des § 1686a BGB **dem leiblichen, nicht rechtlichen Vater eines Kindes ein Recht auf Umgang mit dem Kind** eingeräumt.

Zum Hintergrund dieser Regelung muss erläutert werden, dass die Zuordnung der Mutter eines Kindes rechtlich eindeutig ist, die Zuordnung eines Vaters jedoch nicht. Künstliche Befruchtung durch Ei- oder Embryonenspende haben es zwar möglich gemacht, dass eine Frau, die ein Kind gebärt, nicht notwendig die genetische Mutter des Kindes ist.

Der Gesetzgeber hat seit der Reform des Kindschaftsrechts im Jahr 1998 in § 1591 BGB den Begriff der Mutter definiert als die Frau, die das Kind geboren hat. Der Begriff der Vaterschaft ist dagegen weniger eindeutig. Es ist möglich, dass der rechtliche Vater eines Kindes nicht der biologische, leibliche Vater des Kindes ist, zum Beispiel dann, wenn ein Kind in eine bestehende Ehe hineingeboren wird, wenn jedoch der Ehemann nicht der biologische Vater des Kindes ist.

Nach § 1592 Nr. 1 BGB ist der Mann der Vater eines Kindes, der zum Zeitpunkt der Geburt mit der Mutter verheiratet war. Weitere Vaterschaftszurechnungen enthält § 1592 Nr. 2 (wer die Vaterschaft anerkannt hat) und Nr. 3 (derjenige, dessen Vaterschaft gerichtlich festgestellt ist). Es gibt Fallgruppen, in denen der biologische Vater nicht der rechtliche Vater sein will (zum Beispiel weil er eine eigene Familie hat) oder es aus juristischen Gründen nicht sein kann, zum Beispiel weil das Kind, das er gezeugt hat, in eine intakte Familie hineingeboren wird (vgl. § 1600 Abs. 2). Der Gesetzgeber hat dem leiblichen, nicht rechtlichen Vater unter den Voraussetzungen des § 1686a BGB ein Umgangsrecht mit dem Kind eingeräumt.

In seiner ersten Entscheidung zu § 1686a BGB (5.10.2016, XII ZB 280/15) hat der BGH entschieden: Allein der Umstand, dass sich die rechtlichen Eltern beharrlich weitern, einen Umgang des Kindes mit seinem leiblichen Vater zuzulassen, genügt nicht, um den entsprechenden Antrag gemäß § 1686a Abs. 1 Nr. 1 BGB zurückzuweisen.

Über das Sorgerecht der Eltern hinaus gibt es ein sogenanntes **„kleines Sorgerecht" des Stiefelternteils** nach § 1687 b BGB. Dieses setzt voraus, dass der Stiefelternteil mit dem allein sorgeberechtigten Elternteil verheiratet ist. Das Sorgerecht des Stiefelternteils leitet sich vom Sorgerecht des allein sorgeberechtigten Elternteil ab („im Einvernehmen"). Der allein sorgeberechtigte Elternteil kann das Mitentscheidungsrecht des Stiefelternteils jederzeit widerrufen. In Notfällen besteht ein Alleinentscheidungsrecht des Stiefelternteils.

Bsp.: *Klaus hat das alleinige Sorgerecht über seine 5-jährige Tochter Jelin aus erster Ehe. Seit einem Jahr ist Klaus mit Sabina verheiratet. Jelin wird von einem Auto angefahren und muss operiert werden. Sabina ist mit der Operation einverstanden. Klaus ist nicht erreichbar. Ist das Einverständnis von Sabina rechtserheblich und darf Jelin auf dessen Grundlage operiert werden? – Ja, s. § 1687 b Abs. 2 BGB.*

Haftung der Eltern bei Ausübung der elterlichen Sorge

Nach § 1664 Abs. 1 BGB haben die Eltern bei der Ausübung der elterlichen Sorge dem Kind gegenüber nur für die Sorgfalt einzustehen, die sie in eigenen Angelegenheiten anzuwenden pflegen. Nach § 277 BGB ist damit die Haftung für leichte und mittlere Fahrlässigkeit ausgeschlossen. Die Eltern haften dem Kind gegenüber **nur für grobe Fahrlässigkeit**.

§ 1664 BGB ist nicht nur Sorgfaltsmaßstab, sondern **auch Anspruchsgrundlage** für den Anspruch des Kindes gegen die Eltern bei Verletzung der Sorgfaltspflicht.[16]

[16] Im Unterschied dazu ist § 1359 BGB, der den Umfang der Sorgfaltspflicht unter Ehegatten bestimmt, keine Anspruchsgrundlage.

Die Beschränkung der Elternhaftung bezieht sich nur auf Schäden, die bei Ausübung der elterlichen Sorge entstanden sind. Der Haftungsmaßstab des § 1664 BGB gilt nicht für Unfälle im **Straßenverkehr**, die von den Eltern verursacht wurden, weil die Teilnahme am Straßenverkehr keine unmittelbare Ausübung der elterlichen Sorge darstellt. (Die Haftungsprivilegierung der Ehegatten untereinander nach § 1359 BGB gilt ebenfalls nicht im Straßenverkehr, s. Kapitel 4)

Eine **analoge Anwendung** des § 1664 BGB gilt im Verhältnis des Kindes zu dem Elternteil, der nicht Inhaber der elterlichen Sorge ist, der aber in Ausübung seines Umgangsrechts einen Schaden am Kind verursacht.

Bsp.: *Die Mutter M ist allein Inhaberin der elterlichen Sorge über die einjährige Lisa. Bei dem wöchentlichen einstündigen Treffen des nichtehelichen Vaters mit Lisa im Besuchsraum des Jugendamtes ist M nicht anwesend. Während V einen Moment von einer Mitarbeiterin des Jugendamtes abgelenkt ist, stürzt Lisa von einem Kinderstuhl und verstaucht ihren Arm. – Da keine grobe Fahrlässigkeit vorliegt, haftet V nicht.*

Eine analoge Anwendung des § 1664 BGB auf andere Personen, z.B. den Babysitter, scheidet dagegen aus.

Gesetzliche Vertretung des Kindes durch die Eltern und ihre Grenzen

Die Vertretung des Kindes ist ein Teil der elterlichen Sorge, s. § 1629 Abs. 1 S. 1 BGB.

Sind beide Eltern Inhaber der elterlichen Sorge, vertreten sie das Kind **grundsätzlich gemeinschaftlich** (s. § 1629 Abs. 1 S. 2 BGB).
Der Grundsatz der gemeinschaftlichen Vertretung gilt unabhängig davon, ob die Eltern miteinander verheiratet sind oder nicht.

Ein Elternteil kann jedoch den anderen bevollmächtigen, allein als Vertreter des Kindes zu handeln. Bei **Geschäften des täglichen Lebens** kann eine solche Bevollmächtigung stillschweigend angenommen werden.

Bsp.: *Die Mutter geht mit dem Kind zum Zahnarzt. Die Einwilligung der Mutter zur Behandlung genügt.*

Es gibt zwei Möglichkeiten, wie die Eltern die **gesetzliche Vertretung für ihr beschränkt geschäftsfähiges Kind** ausüben können:

- Die Eltern schließen ein **Rechtsgeschäft im Namen des Kindes** ab. Wenn die Eltern im Rahmen ihrer gesetzlichen Vertretungsmacht handeln (s. hierzu gleich), liegen die Voraussetzung für eine Stellvertretung i.S.d. § 164 BGB vor (Handeln im Namen des Vertretenen und innerhalb der Vertretungsmacht). Nach § 164 Abs. 1 BGB wird aus diesem Rechtsgeschäft unmittelbar das Kind berechtigt und verpflichtet.

  Bsp.: *Die Eltern schließen mit dem Musikhaus M einen Kaufvertrag über ein E-Piano ausdrücklich im Namen ihres Kindes K ab. Vertragspartner von M ist K.*

- Die Eltern geben ihre nach den §§ 107 ff. BGB erforderliche Zustimmung zu einem Rechtsgeschäft, das das Kind selbst vornimmt. (Der Begriff der Zustimmung erfasst sowohl die – vorherige – Einwilligung als auch die – nachträgliche – Genehmigung, s. § 182 ff. BGB).

  Bsp.: *Der 16-jährige J schließt mit dem Motorhaus M einen Kaufvertrag über ein Moped ab. Beide Eltern genehmigen den Kaufvertrag. Vertragspartner von M ist J.*

In beiden genannten Fällen erwirbt das Kind bzw. der Jugendliche auf der sachenrechtlichen Ebene Eigentum.

Ein **Sonderfall für den Eigentumserwerb** des Kindes ist die **Mittelsurrogation** des § 1646 BGB. Schließen die Eltern ein Rechtsgeschäft nicht im Namen ihres Kindes ab, wird das Kind aus dem Rechtsgeschäft nicht über die Stellvertretung der Eltern nach § 164 BGB berechtigt und verpflichtet. Erwerben die Eltern eine **bewegliche Sache mit den Mitteln des Kindes,** geht das Eigentum an der beweglichen Sache nach § 1646 Abs. 1 S. 1 BGB unmittelbar auf das Kind über. Der Sinn der Vorschrift liegt im Schutz des Kindesvermögens.

Bsp.: *Großmutter G schenkt ihrer Enkelin Marie zum 5. Geburtstag 20 Euro und sagt ihr, sie solle sich etwas Schönes davon kaufen. Marie wünscht sich eine Puppe, die sie in einem Schaufenster gesehen hat, und die 19,98 Euro kostet. Am nächsten Tag kauft der Vater V von dem Geld die Puppe und erwähnt dabei nicht, dass er die Puppe im Namen seiner Tochter erwirbt. Der Verkäufer übergibt V die Puppe. Wer erwirbt in diesem Zeitpunkt Eigentum an der Puppe? – Eigentum an der Puppe könnte nach § 929 i.Vm. § 1646 Abs. 1 S. 1 BGB Marie erworben haben. Zwar hat V nicht als Stellvertreter von Marie gehandelt, da er die Einigungserklärung nicht im Namen seiner Tochter abgegeben hat. V hat jedoch eine bewegliche Sache, die Puppe, mit den Mitteln seines Kindes erworben. Die Voraussetzungen für einen Eigentumserwerb nach § 1646 Abs. 1 S. 1 BGB liegen damit vor. Im Zeitpunkt der Übergabe geht das Eigentum direkt vom Verkäufer auf Marie über.*

Sind beide Eltern Inhaber der elterlichen Sorge, gilt zwar grundsätzlich Gesamtvertretung. Jedoch genügt eine **Einzelvertretung**, wenn eine Willenserklärung gegenüber dem Kind abzugeben ist: Die Abgabe der Erklärung gegenüber einem Elternteil reicht dann aus, s. § 1629 Abs. 1 S. 2 BGB.

Eine Einzelvertretung bei gemeinsamer elterlicher Sorge genügt auch in den bereits oben genannten Fällen, also bei Gefahr im Verzug nach § 1629 Abs. 1 S. 4 und bei Ruhen der Sorge eines Elternteils nach § 1673 f. BGB.

Die Eltern sind als gesetzliche Vertreter des Kindes nicht berechtigt, sämtliche Rechtsgeschäfte mit Wirkung für ihr Kind zu besorgen. Die Vertretungsmacht der Eltern für ihr Kind gilt nur begrenzt: Es gibt Rechtsgeschäfte, für die eine Vertretung der Eltern für ihr Kind ausgeschlossen ist, und es gibt Rechtsgeschäfte, für die der gesetzliche Vertreter der Genehmigung des Familiengerichts bedarf. Die Begrenzung der elterlichen Vertretungsmacht soll vor allem einem möglichen Widerstreit zwischen den Interessen des Kindes und den Interessen der Eltern vorbeugen.

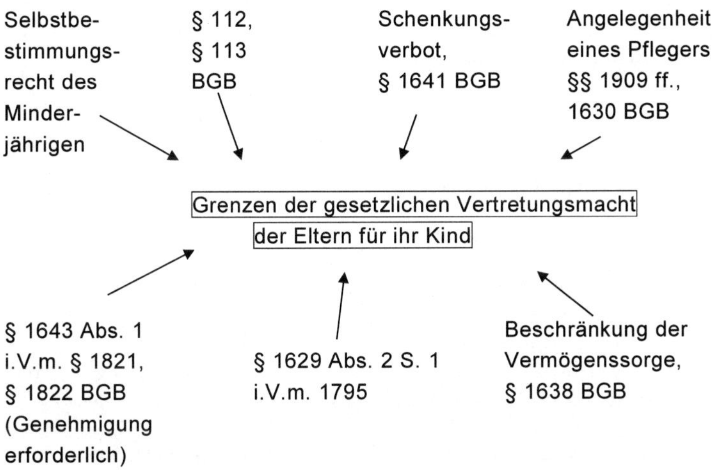

Für folgende Rechtsgeschäfte ist eine **Vertretung** der Eltern für ihr Kind **ausgeschlossen**:

- Rechtsgeschäfte in Ausübung des **Selbstbestimmungsrechtes** des Minderjährigen:
  Ein Minderjähriger kann seine Einwilligung in eine **Heilbehandlung** erteilen, wenn er Bedeutung und Tragweite des Eingriffs nach Aufklärung beurteilen kann. Ein Minderjähriger unter 14 Jahren ist jedoch nicht einwilligungsfähig. Ob eine minderjährige Schwangere wirksam in einen Schwangerschaftsabbruch einwilligen kann, ist umstritten.
  Andere höchstpersönliche Erklärungen oder Rechtsgeschäfte sind die **Religionsmündigkeit** ab 12 Jahren (s. § 5 des Gesetzes über die religiöse Kindererziehung), die **Testierfähigkeit** ab 16 Jahren nach § 2229 Abs. 2 BGB (nur öffentliches Testament, s. § 2233 Abs. 1 BGB), die Einwilligung in eine **Adoption** (§ 1750 Abs. 3 BGB) etc.

- Wurde ein beschränkt geschäftsfähiger Minderjähriger nach **§ 112 BGB** zum selbstständigen Betrieb eines Erwerbsgeschäftes ermächtigt, ist der Minderjährige zu allen Rechtsgeschäften unbeschränkt geschäftsfähig, die der Geschäftsbetrieb mit sich bringt.

- Entsprechendes gilt nach **§ 113 BGB** für Dienst- und Arbeitsverhältnisse.

- Eltern können nach § 1641 BGB nicht in Vertretung ihres Kindes **Schenkungen** machen. Ausnahme: Anstandsschenkungen.

- Ist für eine Angelegenheit oder ein Kreis von Angelegenheiten nach §§ 1909 ff. BGB ein **Pfleger** bestellt, sind die Eltern nach § 1630 BGB insoweit von der Vertretung des Kindes ausgeschlossen.
  Bsp.: *Bestellung eines Pflegers zur Einwilligung in regelmäßige Bluttransfusionen des Kindes, weil die Eltern als Zeugen Jehovas Bluttransfusionen ablehnen.*

- Nach § 1638 BGB können Schenker und Erblasser für Zuwendungen an das Kind die **Vermögenssorge der Eltern ausschließen**.

- Nach § 1629 Abs. 2 S. 1 BGB können der Vater und die Mutter das Kind insoweit nicht vertreten, als nach § 1795 ein **Vormund** von der Vertretung des Kindes ausgeschlossen ist: Nach § 181 i.V.m. 1795 Abs. 2 BGB können die Eltern nicht im Namen ihres Kindes ein Rechtsgeschäft mit sich selbst im eigenen Namen oder mit sich selbst als Vertreter eines

Dritten abschließen. Ausnahme: Es handelt sich um die Erfüllung einer Verbindlichkeit (= **Verbot des Insichgeschäfts**). Nach § 1795 Abs. 1 Nr. 1 BGB dürfen Eltern nicht im Namen ihres Kindes Rechtsgeschäfte mit einem ihrer Verwandten in gerader Linie abschließen.

Der Ausschluss der Vertretungsmacht nach § 1629 Abs. 2 S. 1 i.V.m. § 1795 BGB gilt nach der Rechtsprechung nicht, wenn das Rechtsgeschäft für das Kind lediglich einen **rechtlichen Vorteil** bringt.

Sind die Eltern für ein Rechtsgeschäft von der Vertretung ihres Kindes ausgeschlossen, ist nach § 1909 Abs. 1 BGB ein **Ergänzungspfleger** zu bestellen. Nehmen die Eltern ein Rechtsgeschäft im Namen ihres Kindes vor, obwohl sie für dieses Rechtsgeschäft von der Vertretung ihres Kindes ausgeschlossen sind, handeln die Eltern als **Vertreter ohne Vertretungsmacht** nach § 177 BGB. Eine Genehmigung des Rechtsgeschäfts ist dann durch einen Pfleger oder durch das volljährig gewordene vertretene Kind möglich.

Eine **Genehmigung des Familiengerichts** benötigen die Eltern nach § 1643 Abs. 1 BGB in Fällen, in denen nach § 1821 und § 1822 Nr. 1, 3, 5, 8 bis 11 ein Vormund der Genehmigung bedarf.

Bsp.: *Verfügungen über Grundstücke, Verfügung über Vermögen im Ganzen, Kreditaufnahme*

Die Genehmigung des Familiengerichts ist nach § 1828 i.V.m. § 1643 Abs. 2 BGB den Eltern gegenüber zu erklären. Den Eltern steht es dann frei, von der Genehmigung Gebrauch zu machen.

Bereits ein Minderjähriger kann aus Rechtsgeschäften verschuldet sein, die er mit Zustimmung seiner Eltern vorgenommen hat oder die seine Eltern im Rahmen ihrer Vertretungsmacht vorgenommen haben. Für diese Verbindlichkeiten haftet der Minderjährige unbeschränkt. Nach § 1629 a BGB ist die **Haftung** für bestimmte Verbindlichkeiten **bei Eintritt der Volljährigkeit beschränkt.**

Fall 6: Examensstress mit Quietscheentchen

Der alleinerziehende Jurastudent Rolf bereitet sich auf das 1. juristische Staatsexamen vor und sieht die Welt nur noch aus der Sicht examensrelevanter Rechtsprobleme. Rolf möchte seinem Sohn Merwin zum 2. Geburtstag ein gelbes Quietscheentchen für die Badewanne schenken. Er überlegt, wie dieser Vorgang juristisch korrekt abläuft und ob er das Familiengericht oder einen Pfleger einschalten muss. Merwins Mutter ist bei der Geburt des Kindes infolge eines ärztlichen Kunstfehlers verstorben.

Lösungsvorschlag

Die Schenkung könnte nach § 516 Abs. 1 BGB vonstatten gehen, also indem Rolf seinem Sohn das Eigentum am Entchen nach § 929 BGB überträgt und dass beide darüber einig sind, dass die Zuwendung unentgeltlich erfolgt. Allerdings ist Merwin nach § 104 Nr. 1 BGB geschäftsunfähig und kann nach § 105 Abs. 1 BGB keine wirksame Willenserklärung abgeben. Deshalb ist sowohl für das schuldrechtliche Rechtsgeschäft (Einigung über Unentgeltlichkeit) also auch für das dingliche Rechtsgeschäft (die Übertragung des Eigentums) eine Vertretung für Merwin erforderlich.

Wenn Rolf als gesetzlicher Vertreter seines Sohnes (§ 1629 Abs. 1 S. 1 BGB) die entsprechenden Willenserklärungen für Merwin abgeben würde, könnte jedoch ein Insichgeschäft nach § 181 1. Alt. BGB vorliegen, weil Rolf im Namen des Vertretenen ein Rechtsgeschäft mit sich im eigenen Namen vornimmt. Ein solches Insichgeschäft wäre nach § 1629 Abs. 2 S. 1 i.V.m. § 1795 Abs. 2 BGB unzulässig.

Der Sinn dieser Begrenzung der Vertretungsmacht liegt darin, eine Kollision der Interessen zwischen den Eltern und ihren Kindern auszuschließen und das Kindesvermögens dadurch zu schützen. Nach dem Sinn dieser Begrenzung greift das Verbot des Insichgeschäftes nicht ein, wenn das Rechtsgeschäft dem Vertretenen lediglich einen rechtlichen Vorteil bringt. Sowohl die schuldrechtliche Seite der Handschenkung als auch der Eigentumserwerb des Quietscheentchens bringen dem 2-jährigen Merwin nur rechtliche Vorteile.

Ergebnis: Rolf kann seinem Sohn einfach nur das Quietscheentchen in die Hand geben. Er muss nichts weiter beachten.

§§§§§§

Wiederholungsfragen zum 7. Kapitel

1. Auf welcher Rechtsgrundlage sind Kinder zur Mithilfe in Haus und Geschäft der Eltern verpflichtet?	Auf Grund des § 1619 BGB.
2. Können auch Eltern gesetzlich zur Mithilfe in Haus und Geschäft ihrer Kinder verpflichtet sein? Rechtsgrundlage?	Aufgrund der allgemeinen Pflicht zu Beistand und Rücksicht aus § 1618 a BGB.
3. Welches Verhältnis kann man zwischen den Begriffen Personensorge, Vermögenssorge, tatsächliches und rechtliches Handeln herstellen?	Sowohl die Personensorge als auch die Vermögenssorge erfassen tatsächliches und rechtliches Handeln.
4. Inwiefern kann eine Sorgeerklärung zum Erwerb der elterlichen Sorge führen?	Nach § 1626 a BGB steht Eltern, die bei der Geburt des Kindes nicht miteinander verheiratet sind, die Sorge gemeinsam zu, wenn sie erklären, dass sie die Sorge gemeinsam übernehmen wollen.
5. Wer hat ein Recht zum Umgang mit einem Kind? Rechtsgrundlage?	Der Elternteil, der nicht Inhaber der elterlichen Sorge ist (§ 1684 BGB). Die Großeltern, Geschwister und andere Bezugspersonen nur, wenn es dem Wohl des Kindes dient (§ 1685 BGB). Der biologische Vater, der nicht der rechtliche Vater ist, wenn es dem Wohl des Kindes dient (§ 1686 a BGB).
6. Kann ein Stiefelternteil Inhaber der elterlichen Sorge sein?	Ja, aber nur eingeschränkt. Voraussetzung ist, dass der Stiefelternteil mit dem allein sorgeberechtigten Elternteil verheiratet ist. Der Stiefelternteil hat nur ein Mitsorgerecht, das der allein sorgeberechtigte Elternteil jederzeit widerrufen kann. Bei Gefahr im Verzug hat der Stiefelternteil ein Alleinentscheidungsrecht.
7. Warum gilt der Haftungsmaßstab des § 1664 BGB nicht bei Teilnahme am Straßenverkehr?	Weil es sich dabei nicht um eine unmittelbare Ausübung der elterlichen Sorge handelt.
8. Auf welche Personen ist § 1664 BGB nur analog anwendbar?	Auf den Elternteil, der nicht Inhaber der elterlichen Sorge ist, bei Ausübung seines Umgangsrechts.

9. Auf welche Weise können Eltern für ihr beschränkt geschäftsfähiges Kind als Vertreter auftreten?	1. Handeln im Namen des Kindes nach § 164 BGB 2. Zustimmung zu einer Willenserklärung, die der Minderjährige abgegeben hat. Nach § 107 BGB ist die Zustimmung nur erforderlich, wenn der Minderjährige durch die Willenserklärung nicht lediglich einen rechtlichen Vorteil erlangt.
10. Erläutern Sie Begriff und systematische Stellung der Mittelsurrogation des § 1646 Abs. 1 BGB.	Die Mittelsurrogation ist eine Sonderform des Eigentumserwerbs, bei der das Kind Eigentum an einer beweglichen Sache erwirbt, die die Eltern mit Mitteln des Kindes erwerben. Für § 1646 Abs. 1 BGB ist nur Raum, wenn die Eltern nicht im Namen des Kindes nach § 164 BGB auftreten. Die Mittelsurrogation nach § 1646 Abs. 1 BGB wird im Rahmen des Eigentumserwerbs an einer beweglichen Sache nach § 929 BGB geprüft.
11. Warum gilt die Vertretungsmacht der Eltern für ihr Kind nicht unbegrenzt?	Dadurch soll einem möglichen Widerstreit der Interessen des Kindes mit den Interessen der Eltern vorgebeugt werden.
12. Nennen Sie 7 Rechtsgeschäfte, für deren Vornahme die Vertretung der Eltern für ihr Kind ausgeschlossen ist.	Abfassen eines öffentlichen Testamentes / Rechtsgeschäfte im Rahmen des § 112 BGB (z.B. Einkauf von Haarpflegemitteln für den Betrieb eines Frisörsalons) / Rechtsgeschäfte im Rahmen des § 113 BGB (z.B. Verkauf eines Kaugummis durch einen Jugendlichen, der als Aushilfe in einem Kiosk arbeitet) / Schenkungen, die über Anstandsschenkungen hinausgehen / Rechtsgeschäft, für das ein Pfleger bestellt ist / Erblasser hat für eine Zuwendung an das Kind die Vermögenssorge der Eltern ausgeschlossen / Rechtsgeschäft mit einem Verwandten eines Elternteils in gerader Linie.
13. Das Familiengericht hat die Aufnahme eines Geldkredits im Namen des Kindes genehmigt. Den Eltern kommen jetzt Bedenken. Können sie die Kreditaufnahme noch verhindern?	Die Genehmigung wird nach § 1828 i.V.m. § 1643 Abs. 2 BGB den Eltern gegenüber erklärt. Es steht den Eltern frei, von der Genehmigung Gebrauch zu machen.

8. Kapitel
Nichteheliche Lebensgemeinschaft

Eine nichteheliche Lebensgemeinschaft ist ein Zusammenleben zweier heterosexueller oder homosexueller Menschen, das über eine Haushalts- und Wirtschaftsgemeinschaft hinausgeht. Die nichteheliche Lebensgemeinschaft lässt keine weitere Lebensgemeinschaft gleicher Art neben sich zu und begründet ein gegenseitiges Einstehen der Partner füreinander.

Die Reform des Kindschaftsrechts aus dem Jahr 1998 hat es Eltern ermöglicht, gemeinsam das Sorgerecht über ein nichteheliches Kind auszuüben. Dadurch hat die Reform einen wesentlichen Unterschied von nichtehelichen zu ehelichen Kindern abgeschafft und die nichteheliche Lebensgemeinschaft aufgewertet – auch wenn das gemeinsame Sorgerecht nicht das Zusammenleben voraussetzt.

Grundsätzlich anwendbares Recht

Die nichteheliche Lebensgemeinschaft ist im BGB nicht ausdrücklich als ein eigenes Rechtsinstitut anerkannt. Es gibt auch keine Vorschriften, die speziell auf die nichteheliche Lebensgemeinschaft zugeschnitten sind.

Grundsätzlich werden weder die Vorschriften zum Verlöbnis noch das Eherecht analog auf die nichteheliche Lebensgemeinschaft angewandt.

Selbstverständlich können die Lebensgefährten ihr **Zusammenleben durch Verträge gestalten**.

Bsp.: *Vereinbarungen über Ausgleichsansprüche für den Fall einer Trennung, Unterhaltsvereinbarungen für die Zeit des Zusammenlebens und für die Zeit der Trennung*

Partnerschaftsverträge können nach § 138 BGB sittenwidrig sein, wenn ein persönliches Verhalten erzwungen werden soll oder wenn eine Regelung einen Partner von der Trennung abhalten kann oder soll.

Bsp.: *Die Frau verpflichtet sich zur Einnahme der Anti-Baby-Pille. – Der Mann verpflichtet sich für den Fall einer Trennung zur Zahlung einer Geldsumme, die in keinem Verhältnis zu seiner wirtschaftlichen Leistungsfähigkeit steht.*

Verträge zwischen den Partnern einer nichtehelichen Lebensgemeinschaft können auch stillschweigend abgeschlossen werden.

Bsp.: *Mietvertrag, Darlehen, Arbeitsvertrag, Auftrag*

Früher stand die Rechtsprechung der Annahme stillschweigend abgeschlossener Verträge innerhalb einer nichtehelichen Lebensgemeinschaft jedoch eher ablehnend gegenüber.

Der BGH vertrat generell die Auffassung, **persönliche und wirtschaftliche Leistungen würden von dem Partner erbracht, der dazu in der Lage sei. Eine Abrechnung untereinander und ein wirtschaftlicher Ausgleich seien grundsätzlich nicht vorgesehen** (zuletzt BGH 31.10.2007, FamRZ 2008, S. 247). Grundsätzlich gelte dies auch für Zuwendungen, die auch noch nach der Trennung beim anderen einen Vermögenswert darstellten.

Mit dem Grundsatzurteil vom 9.7.2008 leitete der BGH jedoch eine Trendwende in seiner Rechtsprechung ein (XII ZR 179/05, NJW 2008, S. 3282), dazu gleich.

In der nichtehelichen Lebensgemeinschaft ist **Raum für Rechtsinstitute und Ausgleichsmechanismen aus dem gesamten BGB**: Ansprüche aus einem Partnerschaftsvertrag, Gesellschaftsrecht, ausdrückliche oder stillschweigende Bevollmächtigung, Geschäft für den, den es angeht, Auftrag (§§ 662 ff. BGB), Darlehen (§§ 488 BGB ff.) Geschäftsführung ohne Auftrag, Auseinandersetzung einer Bruchteilsgemeinschaft nach §§ 749 ff. BGB (beispielsweise im Hinblick auf Gegenstände, die zu Miteigentum erworben wurden), Bereicherungsrecht (§§ 812 ff. BGB), Deliktsrecht (§§ 823 ff. BGB), Ausgleichsansprüche unter Gesamtgläubigern (§ 428 BGB) oder Gesamtschuldnern (§ 426 BGB).

Ansprüche bei Auflösung der Gemeinschaft

Nach der Auflösung einer nichtehelichen Lebensgemeinschaft stellt sich oft die Frage, ob der Partner, der beim anderen zu einer Vermögensbildung beigetragen oder ihm Aufwendungen erspart hat, einen Ausgleich verlangen kann.

Ein Ausgleich für Leistungen, die **im Interesse der Lebensgemeinschaft** erbracht wurden (z.B. Hausarbeit, Kindererziehung, Pflege des Partners im Alter und bei Krankheit, Zahlung der Miete und Einkäufe für den täglichen Bedarf) scheidet nach der Rechtsprechung nach wie vor aus (zuletzt BGH 18.2.2009, XII ZR 163/07, FamRZ 2009, S. 849).

Nach einer Entscheidung des BGH vom 9.7.2008[17] kommen nach Beendigung einer nichtehelichen Lebensgemeinschaft **Ausgleichsansprüche** in Betracht, wenn ein Partner wesentliche Beiträge erbracht hat, mit denen ein Vermögenswert von erheblicher wirtschaftlicher Bedeutung geschaffen wurde, dessen Alleineigentümer oder Nutznießer der andere Partner ist.

***Bsp.**: M kauft ein altes Haus auf Sylt, um dort mit seiner Freundin F eine Ferienpension aufzubauen. F, die handwerklich sehr geschickt ist, arbeitet zwei Jahre lang an der Renovierung, ohne von M dafür eine Vergütung zu erhalten. Einige Wochen nach Fertigstellung des Hauses trennt sich M von F. F verlangt einen Ausgleich für ihre Arbeit.*

Unter Aufgabe der bisherigen Rechtsprechung[18] kommen nach neuerer Rechtsprechung in solchen Fällen Ausgleichsansprüche aus folgenden Rechtsgrundlagen in Betracht:

- Auflösung einer BGB-Gesellschaft nach §§ 730 ff BGB
- Ungerechtfertigte Bereicherung (§ 812 Abs. 1 S. 2, 2. Alt. BGB)
- Wegfall der Geschäftsgrundlage (§ 313 Abs. 1 BGB); Voraussetzungen:
  (1) Der Zuwendung liegt die Erwartung zugrunde, die Lebensgemeinschaft, deren Ausgestaltung sie gedient hat, werde Bestand haben.
  (2) Nach Treu und Glauben ist dem Leistenden nach der Trennung die Beibehaltung der so geschaffenen Vermögensverhältnisse nicht zuzumuten.

BGH Urteil vom 9.7.2008, XII ZR 179/05, NJW 2008, S. 3282 [19]
BGH, Urteil vom 18.2.2009, XII ZR 163/07), FamRZ 2009, S. 849
BGH, Urteil vom 6.7.2011, XII ZR 190/08, FamRZ 2011, S. 1563

Die Probleme solcher Ausgleichsfälle erinnern an die Ausgleichsmechanismen zwischen Ehegatten (s. Kapitel 5 / Ausgleichsansprüche neben dem Zugewinnausgleichs).

[17] BGH Urteil vom 9.7.2008 - XII ZR 179/05 - NJW 2008, S. 3282
[18] z.B. BGH Urteil vom 6.10.2003 – II ZR 63/02 - FamRZ 2004, S. 94
[19] Nach diesem BGH-Urteil kommen die genannten Ausgleichsmechanismen auch bei anderen Formen gemeinschaftlichen Lebens und Wirtschaftens in Betracht, zum Beispiel unter verwitweten Geschwistern, unter sonstigen Verwandten oder Freunden.

Klausurrelevant dürfte nun auch die Frage sein, inwieweit die Beendigung der nichtehelichen Lebensgemeinschaft durch den Tod des Zuwendenden Ausgleichsansprüche der Erben mit sich bringen kann.

📖 dazu: BGH, Urteil vom 25.11.2009, XII ZR 92/06, FamRZ 2010, S. 277

In dem vom BGH entschiedenen Fall lebt ein Mann während bestehender Ehe viele Jahre in nichtehelicher Gemeinschaft zusammen. Das Vermögen des nichtehelichen Paares besteht hauptsächlich aus einem Haus, das der Mann allein finanziert und später seiner Freundin schenkt, während er sich für den Trennungsfall mit einem Rückübertragungsrecht absichert. Der Mann stirbt bei einem Unfall. Seine Kinder machen als Erben Ansprüche gegen die Freundin ihres Vaters geltend. - Nach Ansicht des BGH liegt im Tod des Zuwendenden kein Wegfall der Geschäftsgrundlage und keine Zweckverfehlung im Sinn des § 812 Abs. 1 S. 2 Alt. 2 BGB. Einen Pflichtteilergänzungsanspruch aus § 2329 BGB lehnte der BGH ebenfalls ab.

In der Klausur sollte man in Ausgleichsfällen alle denkbaren Ausgleichsmechanismen anprüfen.

📖 **Literaturtipp:** Maximilian Freiherr von Proff: Ausgleichsansprüche der Erben gegen den überlebenden Partner einer nichtehelichen Lebensgemeinschaft, in: FPR (Familie, Partnerschaft, Recht) 2010, S. 382-387.

Fall 8: Der Lebensabschnitts-Spieltisch

Julia und Max haben sich während ihres Lehramtsstudiums kennen gelernt und ziehen zu Beginn des Referendariats zusammen. Eines Tages erzählt Max begeistert von einem englischen Spieltisch aus dem 19. Jahrhundert, den er in einem Antiquariat entdeckt hat, der als Esstisch geeignet wäre und der 400 Euro kostet. „Ich bin leider pleite“, sagt Max. „Kauf ihn“, sagt Julia. Da sie sparsamer ist als Max und daher mehr Geld hat, reicht sie ihm 400 Euro. Den Spieltisch stellen die beiden ins Wohnzimmer und verwenden ihn als Esstisch. Nach dem Referendariat nimmt Julia eine Stelle in einem 200 km entfernten Ort an und zieht aus der gemeinsamen Wohnung mit Max aus. Sie nimmt nur ihre persönlichen Sachen mit. Bald verliebt sie sich in einen Kollegen und trennt sich von Max. Julia hat prinzipiell nichts dagegen, dass Max den Spieltisch, an dem ihm viel liegt, behält. Sie verlangt jedoch von Max ihre 400 Euro zurück. Max weigert sich. Zu Recht?

Lösungsvorschlag

Anspruch von Julia gegen Max auf Rückzahlung der für den Erwerb des Spieltisches übergebenen 400 Euro:

1. Zunächst könnte sich ein Anspruch aus **§ 1378 Abs. 1 BGB analog** ergeben. Dies setzt voraus, dass eine analoge Anwendung eherechtlicher Vorschriften auf die nichteheliche Lebensgemeinschaft in Betracht kommt. Die Voraussetzung für eine Analogie ist eine planwidrige Regelungslücke bei vergleichbarer Interessenlage. Der Gesetzgeber hat jedoch bisher keine Regelung für das nichteheliche Zusammenleben geschaffen, obwohl ihm diese Form des Zusammenlebens bekannt ist. Damit liegt schon keine planwidrige Regelungslücke vor. Eine Analogie scheidet aus.

2. Es könnte ein Rückzahlungsanspruch aus **Darlehen nach § 488 Abs. 1 S. 2 BGB** gegeben sein. Voraussetzung ist die Vereinbarung einer Rückzahlung. Eine ausdrückliche Rückzahlungsvereinbarung liegt nicht vor. Es könnte aber eine konkludente Rückerstattungsabrede gegeben sein. In einer nichtehelichen Lebensgemeinschaft scheidet eine stillschweigende Rückerstattungsabrede jedoch grundsätzlich aus, weil davon ausgegangen wird, dass Leistungen von demjenigen erbracht werden, der dazu in der Lage ist, und dass Rückerstattungsansprüche ausgeschlossen sind.

3. Der Rückzahlungsanspruch könnte sich aus **Rückerstattung einer widerrufenen Schenkung nach §§ 530, 531 Abs. 2 BGB** ergeben. Dann müsste es sich bei der Übergabe der 400 Euro um eine unentgeltliche Zuwendung gehandelt haben. Die Zuwendung der 400 Euro diente jedoch der Anschaffung des Spieltisches und damit der Ausgestaltung des gemeinsamen Lebens. Eine Unentgeltlichkeit scheidet damit aus.

4. Es kommt ein Anspruch auf **Herausgabepflicht des Beauftragten nach § 667 BGB** in Betracht. Dann müsste es sich bei Julias Aufforderung, Max solle den Spieltisch kaufen, um einen Auftrag gehandelt haben. Ein Auftrag setzt jedoch nach § 662 BGB voraus, dass der Beauftragte ein Geschäft des Auftraggebers besorgt. Der Erwerb des Spieltisches war jedoch kein Geschäft von Julia, sondern es diente der gemeinsamen Lebensführung. Ein Anspruch aus § 667 BGB scheidet aus.

5. Möglicherweise ergibt sich ein Rückzahlungsanspruch aus **Wegfall der Geschäftsgrundlage einer unbenannten (partnerbezogenen) Zuwendung nach § 313 BGB**. Der Anspruch setzt zunächst ein Rechtsgeschäft voraus, durch das die Partner der nichtehelichen Lebensgemeinschaft einen Wert schaffen wollten, der über die Verwirklichung der Gemeinschaft hinausging. Dies ist bei der Anschaffung eines Spieltisches nicht der Fall, da er gerade der Verwirklichung der Lebensgemeinschaft dienen sollte.

6. Die **Auseinandersetzung einer konkludent abgeschlossenen Innengesellschaft nach §§ 726, 730 ff. BGB** könnte einen Rückzahlungsanspruch begründen. Dann müssten sich Julia und Max stillschweigend zur Verbindung eines gemeinsamen Zwecks zusammengeschlossen haben.

Ein möglicher Gesellschaftszweck könnte im Erwerb und in der Nutzung des Spieltischs liegen. Allerdings widerspricht die Betrachtungsweise, den Erwerb und die Nutzung einzelner Gegenstände als Gesellschaftszweck zu erklären und den entsprechenden Ausgleichsmechanismen zu unterwerfen, der allgemeinen Betrachtungsweise der nichtehelichen Partner, für die bei der Nutzung entsprechender Gegenstände die Lebensgemeinschaft im Vordergrund steht. Die stillschweigende Annahme von Willenserklärungen zum Abschluss einer Innengesellschaft hinsichtlich des Erwerbs und der Nutzung des Spieltisches scheidet deshalb aus.

7. Es kommt ein **Rückzahlungsanspruch aus §§ 726, 730 ff. BGB analog** aus einer stillschweigend abgeschlossenen Innengesellschaft in Betracht. Eine Regelungslücke hinsichtlich der Auseinandersetzung gemeinsamer Vermögensgegenstände in der nichtehelichen Gemeinschaft liegt vor. Die Interessenlage ist auch mit der einer BGB-Gesellschaft vergleichbar. Eine Analogie ist damit möglich. Die Partner müssten mit dem Erwerb eines Vermögensgegenstandes die Absicht gehabt haben, einen wirtschaftlich gemeinsamen Wert schaffen zu wollen, den sie für die Dauer der Gemeinschaft gemeinsam nutzen wollten und der ihnen nach ihrer Vorstellung auch gemeinsam gehören sollte. Ein Ausgleichsbedürfnis wird aber nur bei Gegenständen von erheblichem Wert akzeptiert. Bei 400 Euro ist diese Grenze nicht erreicht.

8. Möglicherweise ist ein Rückzahlungsanspruch aus **Bereicherungsrecht nach § 812 Abs. 1 S. 2 1. Alt. BGB** gegeben: Max hat durch Leistung von Julia etwas, nämlich Besitz an den 400 Euro, erlangt. Dies geschah auf Kosten von Julia, die durch die Übergabe um den Betrag entreichert ist. Rechtsgrund war jedoch die bestehende Lebensgemeinschaft, zu der Julia einen Beitrag leisten wollte. Für die Vergangenheit, die Zeit der gemeinsamen Nutzung des Spieltisches, ist dieser Rechtsgrund nicht weggefallen. Damit scheidet auch ein Bereicherungsanspruch aus.

Ergebnis: Julia hat keinen Anspruch auf Rückzahlung der 400 Euro.

§§§§§§

Einzelne rechtliche Themenfelder

■ Mietrecht

Sind die nichtehelichen Lebensgefährten beide Vertragspartner eines Mietvertrages über eine Wohnung, haften sie für den Mietzins nach §§ 427, 421 BGB als Gesamtschuldner.

Übernimmt dabei allein der über ein Einkommen verfügende Partner die Zahlung der Miete und endet die Beziehung, stellt sich die Frage, ob der zahlende Partner von der ehemaligen Partnerin, die sich nicht an der Zahlung der Miete beteiligt hat, nachträglich einen Ausgleich verlangen kann. - Der BGH lehnte dies ab (BGH 3.2.2010, XII ZR 53/08, FamRZ 2010, S. 542). Denn nach § 426 Abs. 1 S. 1 BGB sind die Gesamtschuldner nur dann im Verhältnis zueinander zu gleichen Teilen verpflichtet, soweit nicht ein anderes bestimmt ist. Die Vereinbarung, dass der Geld verdienende Partner die Miete übernimmt, ist eine anderweitige Vereinbarung in diesem Sinn.

Zieht einer der Partner aus der gemeinsam gemieteten Wohnung aus, bleibt er so lange Mitschuldner der Miete, solange er als Mietpartei im Mietvertrag steht. Stirbt einer der Mieter, wird das Mietverhältnis nach § 563a BGB mit dem überlebenden Mieter fortgesetzt.

Ist nur einer der Partner einer nichtehelichen Lebensgemeinschaft Mieter einer Wohnung und möchte der andere Lebensgefährte in die Wohnung dazu ziehen, fragt es sich, ob der Vermieter dessen Einzug erlauben muss. Nach § 551 Abs. 1 S. 1 BGB kann der Mieter vom Vermieter die Erlaubnis verlangen, einen Teil seines Wohnraums einem Dritten zum Gebrauch zu überlassen, wenn für den Mieter nach Abschluss des Mietvertrages ein berechtigtes Interesse daran entsteht. Die Aufnahme eines Partners, mit dem dauerhaft ein gemeinsamer Haushalt geführt werden soll, ist ein Fall eines berechtigten Interesses. Stirbt der Lebensgefährte, der alleiniger Vertragspartner des Vermieters ist, hat der Partner einen Anspruch auf Eintritt in das Mietverhältnis nach § 563 Abs. 2 S. 4 BGB.

■ Eigentum am Hausrat

Strittig ist, wer Eigentum an Hausratsgegenständen erwirbt, die während des Zusammenlebens angeschafft werden. Man wird beim Eigentumserwerb im Rahmen der §§ 929 ff. BGB die Regeln vom „Geschäft für den, den es angeht" anwenden. Danach richtet sich der Eigentumserwerb bei Bargeschäften des täglichen Lebens nach dem inneren Willen des Erwerbenden. Sinnvoll erscheint eine Unterscheidung danach, woher das Geld für die Anschaffung stammt. Bezahlt der Erwerbende den Gegenstand aus eigenen Mitteln, liegt der Wille zum Erwerb von Alleineigentum nahe. Stammt der Kaufpreis dagegen aus einer gemeinsamen Kasse, zielt der Wille auf Erwerb von Miteigentum.

■ **Unterhalt**

Grundsätzlich bestehen keine gesetzlichen Unterhaltsansprüche gegeneinander. Eine Ausnahme ist der Anspruch der nichtehelichen Mutter gegen den Vater auf Unterhalt nach § 1615l Abs. 1 und 2 BGB. Betreut der Vater das Kind, hat er nach § 1615l Abs. 4 einen Unterhaltsanspruch gegen die Mutter des Kindes.

■ **Erbrecht**

Ein gesetzliches Erbrecht des nichtehelichen Lebensgefährten gibt es nicht. Es ist aber anerkannt, dass der überlebende Partner gegen die Erben des Verstorbenen nach § 1969 Abs. 1 S. 1 BGB analog einen Anspruch auf den „Dreißigsten“ hat (OLG Düsseldorf FamRZ 1983, S. 274). Erbeinsetzungen sind nur durch Verfügung von Todes wegen möglich.

Wiederholungsfragen zum 8. Kapitel

1. Welche grundsätzliche Auffassung vertritt der BGH zum wirtschaftlichen Ausgleich von Leistungen innerhalb einer nichtehelichen Lebensgemeinschaft?	Ein Ausgleich für Leistungen, die im Interesse der Lebensgemeinschaft erbracht wurden, scheidet aus (z.B. bezüglich Miete und Hausarbeit). Der BGH geht davon aus, dass diese Leistungen von demjenigen erbracht werden, der dazu in der Lage ist.
2. Unter welchen Voraussetzungen kommen nach Ansicht des BGH nach Beendigung einer nichtehelichen Gemeinschaft Ausgleichsansprüche in Betracht?	Wenn ein Partner wesentliche Beiträge geleistet hat, mit denen ein Vermögenswert von erheblicher wirtschaftlicher Bedeutung geschaffen wurde, dessen Alleineigentümer oder alleiniger Nutznießer der andere Partner ist.
3. Welche Anspruchsgrundlagen kommen für einen Ausgleich bei Auflösung der nichtehelichen Gemeinschaft in Betracht?	Ausdrücklich oder stillschweigend abgeschlossene Verträge, z.B. Darlehen, Auftrag; Geschäftsführung ohne Auftrag, ausdrückliche oder stillschweigende Bevollmächtigung, Wegfall der Geschäftsgrundlage (§ 313 BGB), Bereicherungsrecht, Deliktsrecht, Auflösung einer BGB-Gesellschaft, Ausgleichsansprüche unter Gesamtgläubigern und Gesamtschuldnern,

Stichwortregister